Analog fotografi

Guide til bedre analog fotografi for begyndere

Andre bøger af samme forfatter:

Ama Dablam - en bestigning af verdens smukkeste bjerg, Gyldendal 1988
Everest - drømmen og sejren, JP forlag 2000
Baruntse - over 7000 meter i Himalaya, BoD 2008
BigE - Fortællingen om Big E Thrane & Thrane Danish Everest Expedition 2000, BoD 2008
Ubetrådte tinder - Gennem hvide pletter på landkortet til toppen af jomfruelige toppe i Himalaya, BoD 2008
Kilimanjaro – guide til natur og bestigning, 1. udgave BoD 2008
Vertikalt - noveller om klatring og bjergbestigning, BoD 2009
Gasherbrum – de smukke bjerge, BoD 2010
Klatring i Peru – På udfordrende tinder i Andesbjergene, BoD 2011
Baruntse - above 7000 meter in the Himalayas, 2011
Ama Dablam - en bestigning af verdens smukkeste bjerg, genudvigelse BoD 2013
Mont Blanc - Vejen til toppen af Europa, 1. udgave Gyldendal 2013, 2. udgave BoD 2020
Poor Kathmandu, BoD 2015
Kilimanjaro – guide til natur og bestigning, 2. udgave BoD 2015
Mustagh Ata - forsvundet på bjerget, BoD 2015
Everest Basecamp Trek - via Gokyo and Cho La, BoD 2020
Broad Peak 1994 - Første danske bestigning af en 8-tusinder i Karakoram, BoD 2020
Annapurna Basecamp Trek - via Ghorepani and Poon Hill, BoD 2020
Panoramic Images - directly on camera, BoD 2021
Baltoro and K2 Basecamp Trek - via Ghondogora La, BoD 2022

Forlag: BoD – Books on Demand, Hellerup, Danmark
Tryk: BoD – Books on Demand, Norderstedt, Tyskland
Cover: Great Trango bjerget i Karakoram, Pakistan. Fotograferet med Nikon F90X spejlreflekskamera og et Tamron 300mm teleobjektiv på Konica film.
ISBN: 9788743045625

Analog fotografi

Guide til bedre analog fotografi for begyndere

af

Bo Belvedere Christensen

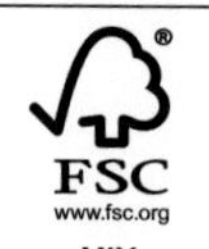

FSC
www.fsc.org
MIX
Papir fra
ansvarlige kilder
Paper from
responsible sources
FSC® C105338

INDHOLD

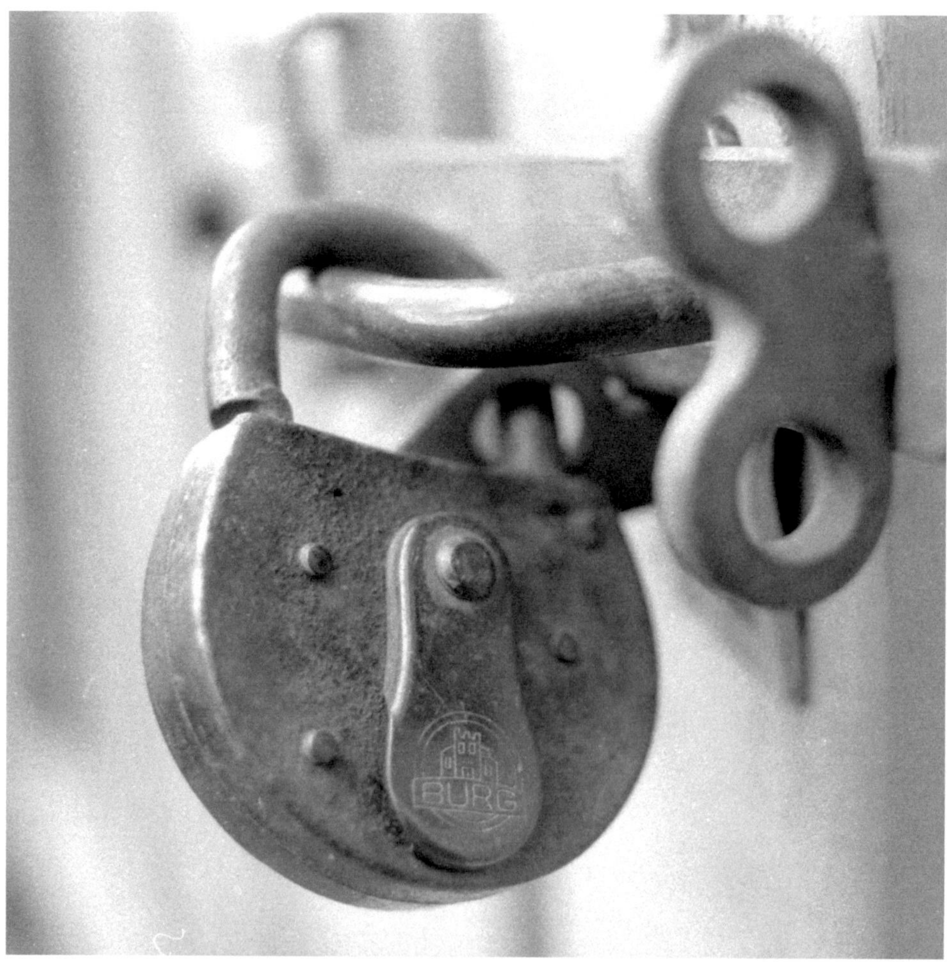

Låsen i porten til gården ved vores hus. Fotograferet med et Ricoh KR-10X spejlreflekskamera med et 50mm objektiv, der kunne gå tæt på. Filmen er Kodak Tmax 100 film, som giver et finkornet billede. Men den smukke kornstruktur er synlig, hvilket er med til at øge atraktionen i det analoge billede.

Forord og grundlæggende film vs. digital

De fleste, som fotograferer en eller anden form for digital fotografi det være sig med et rigtigt kamera eller med en telefon, kigger mellem optagelserne på skærmen for at se, hvordan billedet kom til at se ud.

Det er her, en af de helt grundlæggende forskelle mellem analog fotografi på film og den digtiale fotooptagelse ligger. Med det filmbaserede kamera har du ingen skærm at kigge på, og du må vente med at se dine billeder til filmen er blevet fremkaldt og eventuelt kommer tilbage som papirbilleder eller i skannet form, så du kan se dem på computerskærmen.

Du kan selvfølgelig gå all-in og begynde at fremkalde selv, hvilket jeg beskriver senere. Det er faktisk ikke så svært, men det kræver lidt remedier, til gengæld kan du, som jeg tit gør, tage billeder om formiddagen, fremkalde dem midt på dagen og skanne dem ind sidst på dagen. Der er noget særligt ved processen, og det er nogen gange helt magisk, når man har fremkaldt en film og åbner fremkaldetanken for at få et første indtryk af resultaterne – oftest som negativer.

En anden væsentlig forskel mellem digital fotografi og analog fotografi er selvfølgelig, at dine analoge resultater kræver film som medie i modsætning til SD og andre digitale kort. Men det er her at en del af hele det charmerende og smukke ligger, det som får rigtig mange til at vende tilbage til film om end ikke 100% så i hvert fald for en del af deres fotografi. Det skal ikke være nogen hemmelighed, at jeg

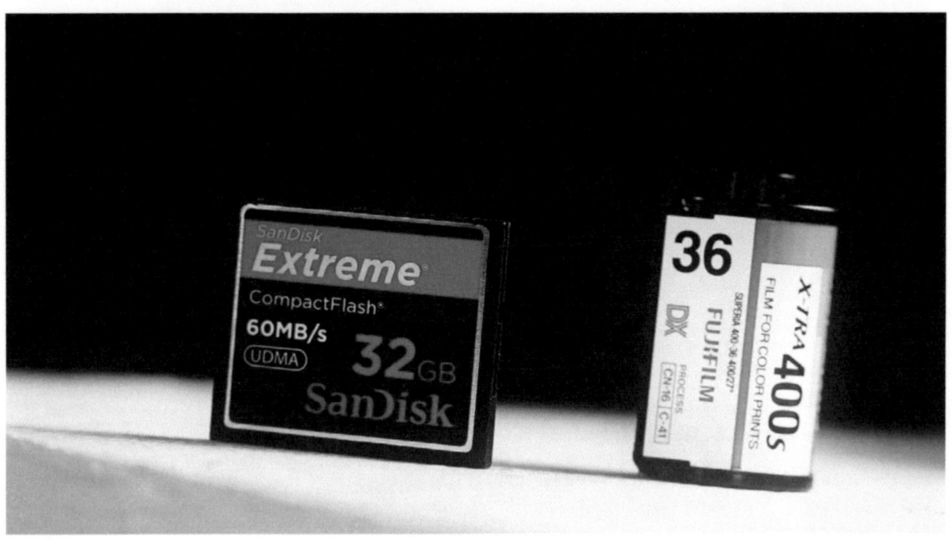

stadig fotograferer meget med digitale kameraer, og sætter pris på den del af mit fotografiske virke.

Men der, hvor jeg føler kreativiteten spirer mest er med film, og en del af grunden er de resultater, der kommer ud af det. Jeg holder rigtig meget af film "look'et" altså det at filmen har en struktur, der bidrager til billedets stoflighed. Og alt efter hvilken type film du vælger, så er denne struktur forskellig.

Mange har forsøgt at efterligne denne stoflighed med efterbehandlings-

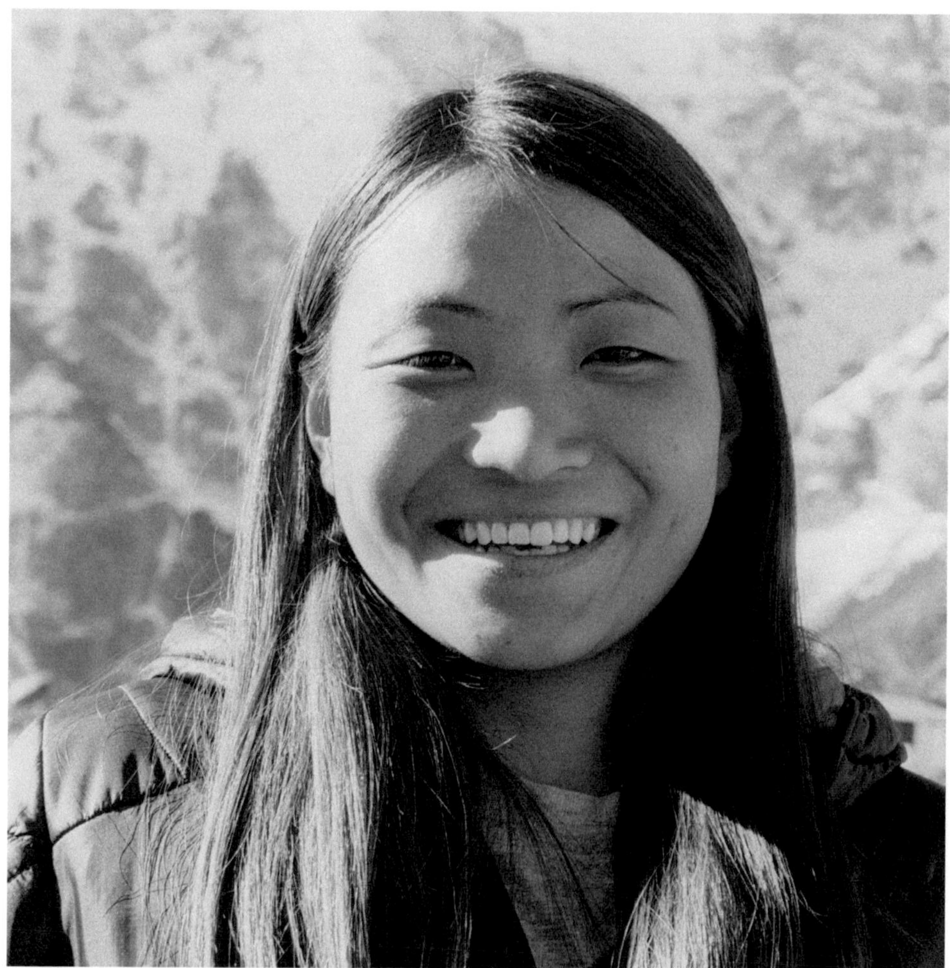

Under et af mine mange trek i Mount Everest regionen tog jeg dette portræt af en Sherpani (kvinde af den etniske gruppe af sherpaer, der bor i området omkring Everest).

Jeg elsker den lidt kornede struktur i billedet, der for mig giver et mere nærværende udtryk til billedet. Det er optaget med et Canon AE-1 spejlrefleks kamera med 50 mm f1.4 optik på Fomapan 100 film.

processen for det digitale billede, men jeg har ikke set resultater, der kunne tilfredsstille mit behov i denne henseende. Der hvor jeg føler man er tættest på er med de indbyggede filmemuleringer i de fleste af Fujifilms digitale kameraer. Men det er også tydeligt at netop dette mærke forsøger at tilnærme den fotografiske oplevelse med digitalkameraet til det, som vi har med vores analoge kameraer. Jeg foretrækker dog stadig den rent analoge oplevelse, i hvert fald så langt som til at have en film fremkaldt, hvorefter jeg dog oftest skanner den ind og dermed overgår til digital behandling. Men også her kan man jo vælge at gå all-in og sætte et mørkekammer op, hvis ikke det findes hvor man kommer det være sig på en skole, i en fotoklub eller andetsteds.

Men selv hvis du skanner billederne ind, så er der her også ofte en stor forskel.

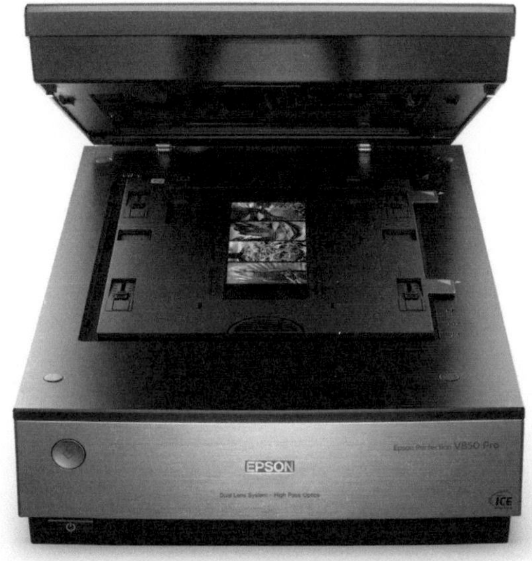

Jeg bruger flere skannere for at få mine analoge billeder over på computeren. Den ovenfor viste Epson 850V fungerer i filmformater fra 24x36 og helt op til 8"x10" storformat billeder.

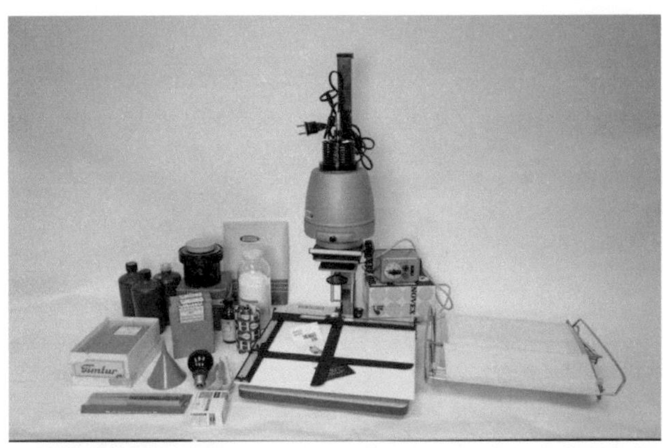

Med digital kameraet skyder vi ofte mange billeder, langt flere end vi ville, hvis vi havde filmen både som en begrænsning i form af de ca. 36 billeder (afhængigt af filmformatet kan det være langt mindre), der kan være på en rulle, og i form af den omkost-

Mørkekammerudstyr har været ude af brug i mange år, men flere og flere tager det op igen sammen med den nye analoge bølge af fotografer. Det er naturligvis ikke alle, der har plads og mulighed for at have et mørkekammer og dermed arbejde fuldkommen analogt fra optagelse til færdigt print.

Mange af os er interesserede i at kunne lægge fotos på sociale medier, det kræver digitale billeder.

ning, der er forbundet med at skyde på film.

Det giver i sig selv den forskel, at med digital fotografi vil du ofte sidde med hundreder, hvis ikke tusinder af billeder, som du skal vælge mellem, mens du med analoge kameraer typisk sidder og kigger på billederne fra en enkelt film eller måske to.

Det gør efterbehandlingen meget mere simpel. Samtidigt ved jeg fra mit eget workflow og fra mange fotografer, jeg kender, at de typisk ikke bruger så meget tid på efterbehandling af det analoge billede. Det har ofte det udtryk, som du netop ønsker, direkte fra fremkaldelsen og indskanningen, så der er ikke så meget mere at gøre. Der er måske mere tendens til at du skal fjerne lidt støv eller andre urenheder, men ikke ønsker at rette billedet så meget mht. kontrast, lysstyrke, farvebalance og lignende, som vi tit bruger en del tid på, når vi arbejder med digitalkameraet.

For mig ligger en stor del af styrken ved det analoge netop her. Hvad er det jeg ønsker som fotograf? At være ude med kameraet og være kreativ eller at sidde bag skærmen og trække i skydere inde i Lightroom? Jeg ELSKER at være ude med kameraet og ønsker at minimere tiden bag skærmen. Resultaterne skal helst være "i kassen," når jeg kommer hjem med

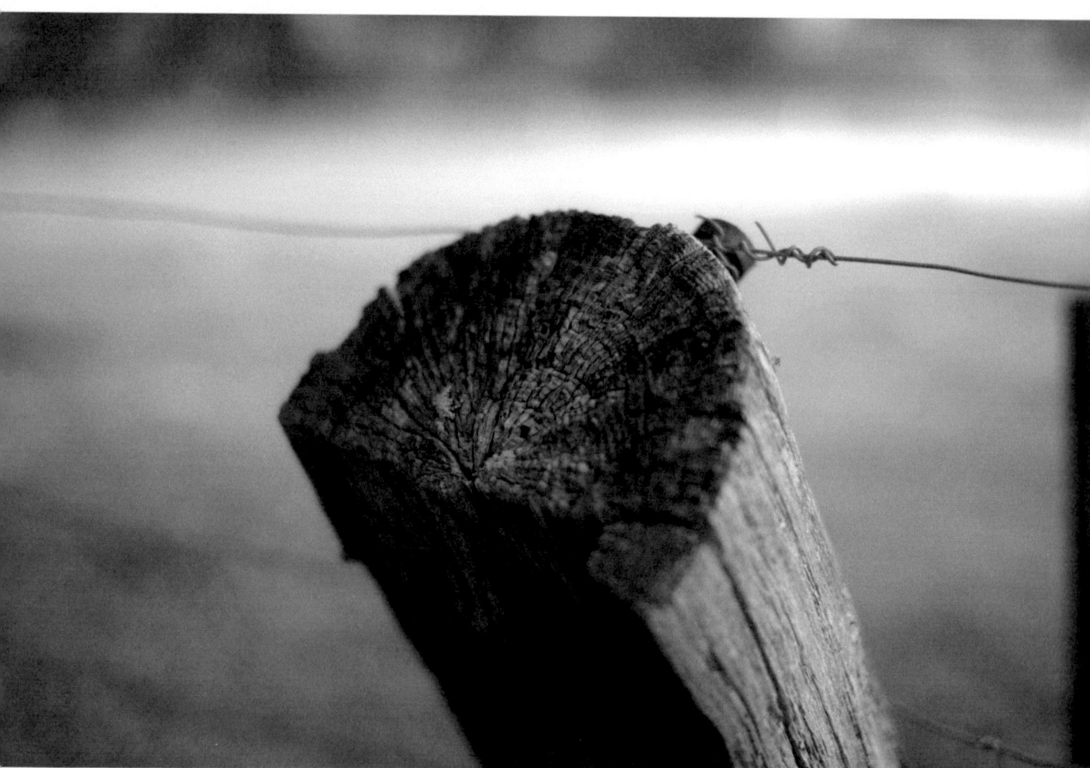

kameraet, og det sker oftere for mig med det analoge. Dem som sværger til digital fotografi siger naturligvis at de netop ved, de har billedet i kassen, for de har set det på skærmen af deres kamera, men jeg ved fra mig selv, at jeg alligvel tenderer til at spendere umådelig meget tid med at tweake alle mulige parametre for det digitale billede. Digital fotografi opmuntrer til perfektion, analog fotografi opmuntrer til kunstnerisk udtryk, og det er det sidste, der får mig til holde så meget af at fotografere.

En sidste ting, som altid fascinerer mig, er den lidt ukontrollable del af fotografiet, som jo bl.a. ligger i, at du ikke med det samme på bagsiden af kameraet kan se dit resultat. Men den del kan drives endnu længere ud med eksperimentel fotografi, hvilket man selvfølgelig også kan bedrive med det digitale medie. Men det er svært at eftergøre ting som benyttelse af udløbne film, der kan give nogle vilde resultater, der grænser til det abstrakte. Eller når jeg i forbindelse med fremkaldelse bevidst benytter processer og kemikalier, som den pågældende film ikke er beregnet til. F.eks. benytter jeg ind imellem den såkaldte cross-development for mine farvefilm, hvor farvepositiv film (dias) fremkaldes i farvenegativ kemikalier eller omvendt farvenegativ film i farvepositiv kemikalier. Det kan også være eksperimenter med forskellige typer af fremkaldelse af sort hvid film, hvor filmen "presses" (push processing på engelsk), hvilket øger kontrasten og gør kornstrukturen i filmen mere prominent. Også det kan give nogle virkelig utrolige resultater. Der findes faktisk en pænt stor bog på engelsk om alternative processer, der er nok at eksperimentere med til en hel livstid :-)

Som du kan forstå er der nok at arbejde med, når vi er inde i den analoge film verden, masser af muligheder for at udtrykke sig kreativt, så jeg forstår fuldt ud hvorfor så mange har valgt helt eller delvist at fotografere på film endog i deres professionelle arbejde. Og her har jeg kun dækket en mikroskopisk del af de mange muligheder, der findes for at arbejde kunstnerisk og eksperimentelt med analog fotografi.

Jeg ønsker dig en god, kreativ og oplevelsesrig rejse ud i det analoge fotografi og håber jeg med denne bog kan få dig gennem de initielle udfordringer.

Holte, Februar 2022

Bo Belvedere Christensen

Hvad skal du vide fra starten?

Hvis du ikke allerede har valgt et kamera, så beskriver jeg de forskellige typer af kameraer, der findes og kigger lidt på de særlige funktioner, som nogle kameraer har, og som kan hjælpe dig til at have noget at vokse med.

Eller måske vil du opgradere dit udstyr med et lidt mere avanceret kamera eller vil udvide med et objektiv, der kan give et andet udtryk end det du hidtil har kunnet opnå, så kan bogen her hjælpe dig med de valg.

Hvis du har fået et kamera, men i øvrigt er helt grøn indenfor fotografi med et "rigtigt" kamera, hvormed jeg mener et, der ikke er en del af din mobiltelefon, så er der nogle basale kundskaber såsom at klargøre kameraet til brug. Det kan være at få isat batterier (hvis det overhovedet kræver batterier), få lagt filmen korrekt i kameraet, få sat objektivet korrekt på osv. Bemærk mange kalder objektivet "linsen" men det er faktisk ikke den rigtige betegnelse, derimod består de fleste objektiver undtagen nogle de allerældste af flere separate linseelementer.

Du skal også vide lidt om film, for ulig på digitalkameraet så vælger du film efter den form for lyssituation, som du forestiller dig at skyde i. Ikke sådan at du er fuldkommen låst, men du skal vide lidt om grænserne for den pågældende film, som du bruger, og du skal vide, hvordan du kan presse filmen til at yde lidt udenfor sit normale område.

Vi kigger også lidt på, hvad der skal til for at få dine første billeder skarpe og korrekt belyst, for det kan kræve lidt mere af dig med mindre du har valgt et kamera, der har automatik i relation til både belysning og fokus. Men jeg vil af hensyn til din læring med det analoge fotografi faktisk foreslå, hvis du ikke allerede har valgt kamera, at fravælge kameraer, hvor du ikke har muligheden for i hvert fald en vis grad af kontrol over såvel belysning som afstandsindstilling.

Når du så har skudt din første film, så skal du have den ud. Men det er ikke bare at åbne kameraet, for så ødelægger du filmen, så skal også lige lære at få den spolet tilbage i kasetten, så du sikkert kan tage den ud af kameraet og få den fremkaldt – eller selv fremkalde, hvis det er der, du er på din rejse.

Til sidst kigger vi lidt på forskellige fotosituationer såsom portræt, landskab m.fl. for at få et indblik i, hvad der er specielt for hver af disse situationer, hvis du vil have det optimale udbytte af dit fotografi.

Filmtyper og formater

Gennem tiden har en række forskellige filmformater været brugt. En del af disse er blevet erstattet af andre og er forsvundet, mens andre har eksisteret lige siden fotografiets opfindelse. Vi vil runde de vigtigste, så du er bekendt med dem, selv om fokus i denne bog er på det mest brugte format, 135 filmen og kaldet 35mm.

35mm / 135 film

Det mest benyttede format, og den som jeg primært vil beskrive i denne bog er 35mm filmen også kaldet 135 film. Den findes i mange forskellige typer, og her vil jeg primært behandle sort-hvid filmen (sommetider betegnet s/h eller den engelske forkortelse b/w) og farvenegativfilmen. Men jeg kort berøre diapositivfilmen, som havde sin storhedstid, da vi alle havde lysbilledfremvisere og projicerede billederne fra vores ferieture op på et fremvisningslærred. Derudover er der meget specialiserede film, som kan benyttes i kreative sammenhænge. Jeg har f.eks. benyttet infrarød film, der som navnet siger, er følsom overfor den ekstreme del af det røde lysspektrum, som vi ikke kan se med vores øjne, og jeg har benyttet X-ray

Tre forskellige filmtyper, to som stadig lever i bedste velgående og en som er opgivet. Til venstre den "professionelle" 120 film, i midten den mest brugte filmtype 135 filmen også kaldet 35mm efter filmens bredde. Til højre APS kasetten som er en filmtype, der levede meget kort tid og er helt opgivet.

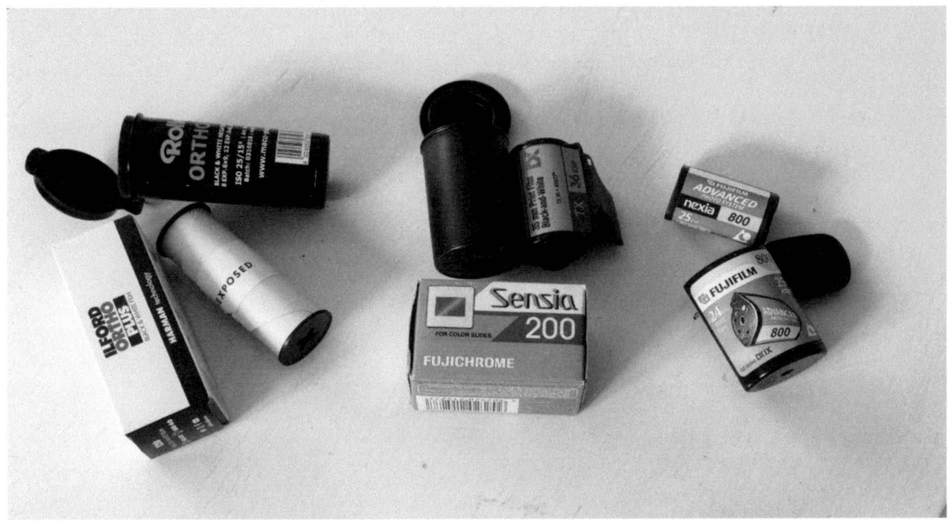

film, som tidligere blev benyttet til røntgenoptagelser f.eks. når vi skulle have undersøgt vores tænder eller et knoglebrud. Begge sidstnævnte giver fascinerende og anderledes resultater, men vil ikke blive beskrevet yderligere i denne bog.

35mm filmen er, som navnet siger 35mm bred, har perforation i begge sider, der sikrer at filmen rulles præcis et billede frem ad gangen – med mindre man bevidst ønsker noget andet skal ske, f.eks. i forbindelse med dobbeleksponeringer men det kommer vi tilbage til.

Normalt køber man film i enkeltpakker, som indeholder en filmkasette med typisk 36 billeder eller 24 billeder forudsat at billedformatet er 24x36mm, som er det traditionelle. Men også her er der afvigelser, idet ikke alle kameraer optager i 24x36 format. F.eks. benytter det såkaldte half-frame format 18x24mm, og specialiserede panoramakameraer benytter en langt større billedflade. Jeg har kameraer, der leverer et billede på 24x72mm. Jeg har faktisk skrevet en hel bog om panoramabilleder. Se litteraturfortegnelsen hvis det har vakt din interesse. Disse typer vil det dog også føre for vidt at komme dybere ind på i denne begynderbog.

126 kasetten

Et filmformat, som havde sin storhedstid i 60'erne, 70'erne og 80'erne er det såkaldte 126 format. Det var en film af samme bredde som 135 filmen, men den kom i en kasette som både indeholdt filmrullen og den spole, som filmen kom over på efterhånden som den blev eksponeret. Kasetten kunne derefter tages ud, når billederne var taget uden at skulle spole tilbage. Billedstørrelsen var egentlig 28x28 mm, men de fleste kameraer eksponerede kun ca. 26x26mm. Bag filmen var et yderli-

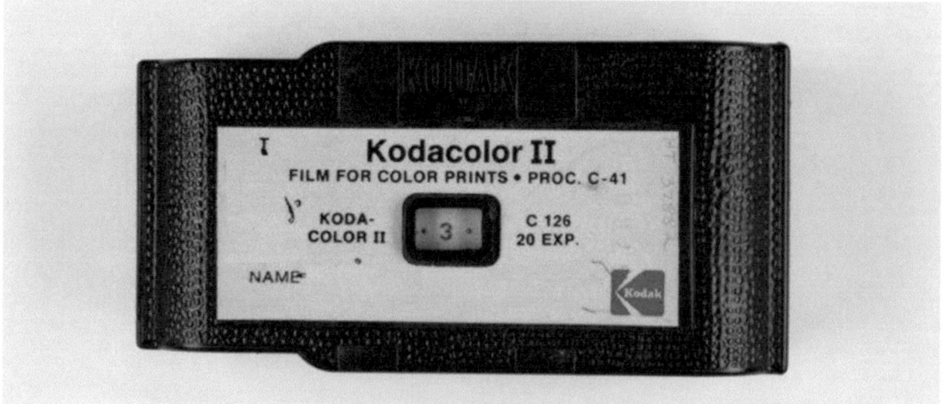

gere papirlag med nummerering af billederne, og denne nummerering kunne ses gennem et lille hul i kasetten. Ydermere var kasetten forsynet med huller som til kameraet angav lysfølsomheden for den pågældende film. Derfor var det meget nemt for forbrugeren, og det var vitterligt også et format, der ikke var beregnet til professionel brug. Kameraerne var også relativt simple point and shoot kameraer, selv om der findes enkelte med mere avancerede modeller, hvor fotografen havde lidt mere kontrol. Hvor fascinerende det end kan være at skyde på dette format, hvor du i øvrigt kun kan få udløbet film til da produktionen stoppede i 2008, så er det bl.a. pga. de manglende muligheder for at vokse med denne type kamera udenfor denne bogs scope at beskrive dette format yderligere.

APS kasetten

Et format som en kort periode florerede var APS film. Hvis du ved lidt om fotografi tænker du, APS det er jo det der digitale billedformat. Og det er også korrekt, men overlappende med starten af det digitale fotografis popularisering var der også et film format, som hed APS, hvilket stod for Advanced Photo System, og som i størrelse ligger tæt på det digtale APS format. Det var dog kompliceret af, at man kunne optage i 3 forskellige formater på det samme kamera, ja endog på den samme filmrulle. Denne type film levede dog kun i kort tid bl.a. fordi det krævede utroligt avanceret udstyr for dem, der fremkaldte og producerede forstørrelser. Og det blev overhalet af det digitale fotografi. Formatet opstod i 1996 og de sidste producenter stoppede filmfremstillingen i 2011.

En af de største fordele med APS formatet var, at kameraerne kunne gøres meget kompakte.

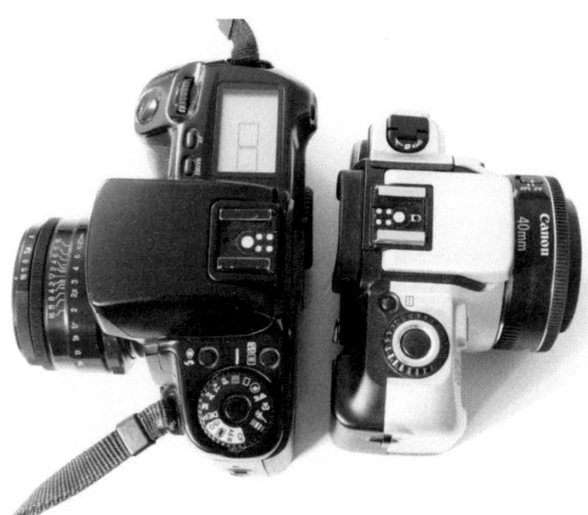

Her en sammenligning mellem et typisk spejlreflekskamera beregnet til 135 film formatet, et Canon EOS 100, og det langt mindre spejlreflekskamera til APS formatet, et Canon EOS IX7.

Der produceredes ikke så mange spejlreflekskameraer til APS formatet, men sammenligningen viser tydeligt, hvor meget størrelsen af kameraet kunne formindskes som følge af det kompakte og smarte filmformat.

Langt de fleste APS kameraer er dog point-and-shoot kameraer som også de er virkeligt små af størrelse, men typisk havde relativt avancerede funktioner.

Du kan stadig købe udløbet film og brugte kameraer, og jeg har arbejdet en del med formatet. Det har en kæmpe fordel. Med de fleste kameraer til APS film kan du skifte film midt i en "rulle" (rettere kasette), da kasetten indeholder information om, hvor langt du er kommet. Jeg kender ikke til steder i Danmark, hvor man kan få fremkaldt filmen, så det gør jeg selv, og det er ret kompliceret bare at få filmen ud af kasetten. Alt er specielt og det er vel også grunden til at det format døde fuldstændigt i modsætning til de andre formater, som jeg omtaler her. Nu har du hørt om det, men jeg skriver ikke mere om dette, bortset fra at jeg faktisk arbejder på en bog om APS film fotografi :-) men det er igen udenfor denne bogs scope.

120 film

Et større billedformat opnås med de såkaldte 120 film (tidligere også 220 film, som er den samme film bare i dobbelt længde), som i dag benyttes i større og typisk professionelle og semiprofessionelle kameraer.

Oprindelig var dette format dog beregnet til simple boxkameraer, som var de mest almindelige kameraer i første halvdel af det 19. århundrede. Det er faktisk det mest sejlivede filmformat, som har eksisteret siden 1901 og stadig produceres.

Dette format har understøttet mange billedstørrelser f.eks. 4,5x6 cm, 6x6 cm, 6x7 cm og 6x9 cm. Men også her er der panoramiske formater, og jeg har f.eks. benyttet 6x12 cm og i et par af mine pinhole kameraer endog 6x17 cm – et gigantisk billedformat, som jeg ikke har mulighed for at benytte i anden form end indskannet. Du kan se eksempler på disse billeder i min bog on panorama fotografi. Nu er du orienteret om formatet, men denne bog vil ikke beskrive dette yderligere.

Nedenfor mit gamle Agfa Synchro Box kamera samt kameraet, som de fleste mennesker har hørt om, det fantastiske Hasselblad 500CM. Jeg har haft et Hasselblad i over 40 år og har altid elsket at fotografere med det. For mig er det et af de ultimativt mest inspirerende kameraer at være ude med.

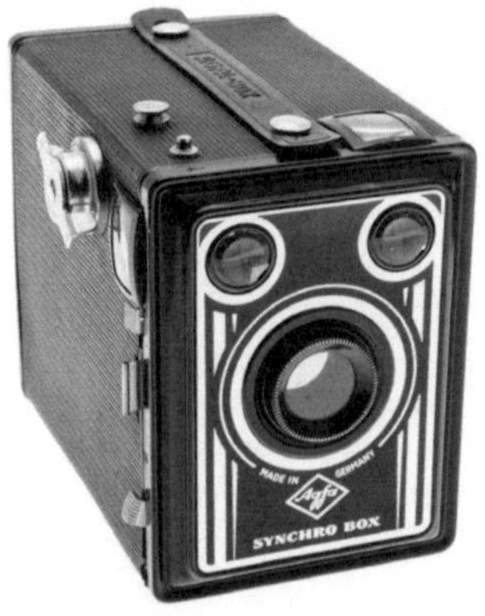

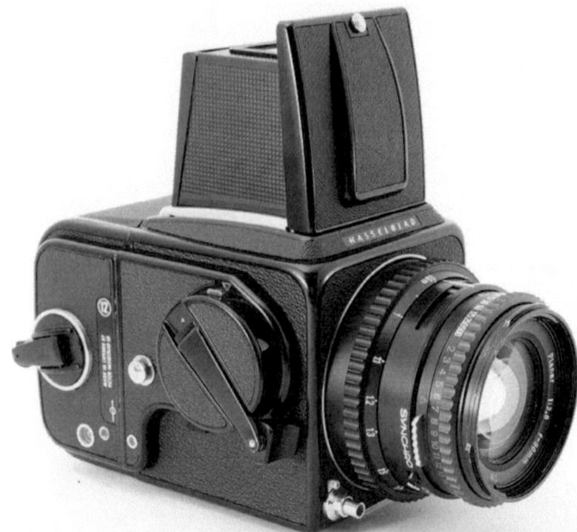

Storformat

Storformat er vildt fascinerende og faktisk det sted hvor det hele startede med de første billeder tidligt i 1800 tallet. Billedformaterne kunne være gigantiske i størrelse, men i dag er de mest brugte formater 4x5 tommer (også skrevet som 4x5", hvilket er ca. 10x12,5 cm), 5x7 tommer (ca. 13x18 cm) og 8x10 tommer (ca. 20x25 cm). Når jeg skanner billeder ind fra 4x5" i høj opløsning kommer der billeder ud af det som ikke måles i Megapixel men er oppe i Gigapixel. Der er ingen normale digitale kameraer, der kommer bare i nærheden af den vanvittige opløsning man opnår med disse formater. Til gengæld er der en utrolig lang procestid omkring hvert billede, opsætning, billedtagning, fremkaldelse og indskanning tager alt sammen oceaner af tid. Kameraerne er også meget vilde i alle de muligheder du får for kontrol af dit resultat, men det er en tidsrøver uden lige. Nu er du orienteret om det, jeg vil kalde det mest ekstreme indenfor analog fotografi, og det behandler jeg ikke yderligere i denne bog, men kors i hytten hvor det er et fascinerende medie at arbejde med.

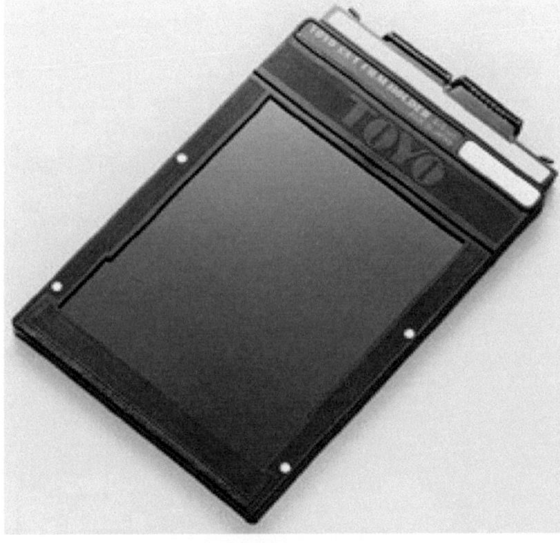

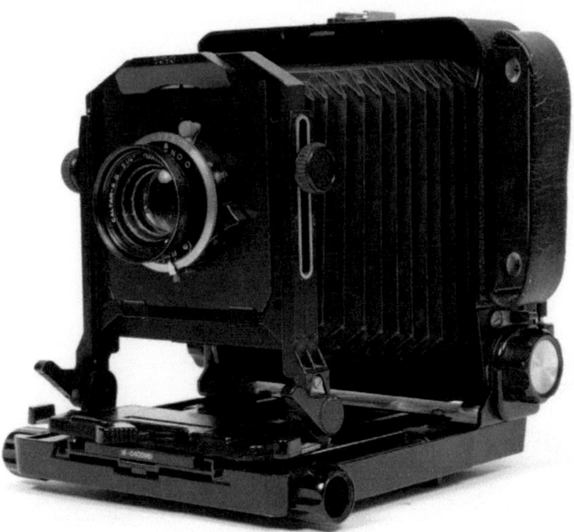

Ovenfor ses en filmholder til 4x5 tommers formatet. Der er et billede under en såkaldt darkslide på hver side af kasetten. Så du har altså to skud at gøre godt med, men du kan selvfølgelig have flere kasetter med.

Til venstre mit "bærbare" sammenklappeligt storformat kamera, et Toya Field 45A, som incl. et objektiv vejer omkring 2,5 kilo. Det kan klappes sammen til en boks på ca. 20x20x10 cm.

Det tager minimum 2-3 minutter at klappe ud og sætte på stativ, men især indstilling af kameraets fokus og forskydninger kan tage alt fra 2-3 minutter til halve timer.

Storformatfotografi er for den krævende fotograf, der er villig til at ofre meget tid på hvert eneste billede. Til gengæld bliver fotografering en meditativ proces.

Sammenligning af filmformater

Får du mulighed for at fotografere på flere forskellige filmformater, vil du opdage at skarphed og synlighed af korn i filmen afhænger meget af det brugte filmformat. Derfor denne lille sammenligning af formater, så du ved hvad der venter dig, når du måske en dag i fremtiden fotograferer med flere forskellige filmformater.

Billedstørrelse	Film	Areal
18x24	135-halfframe	432mm^2
17x30	APS	510mm^2
24x36	135-full frame	864mm^2
4,5x6	120	2352mm^2*
6x6	120	3136mm^2*
6x7	120	3752mm^2*
4x5	4x5"	12500mm^2
8x10	8x10"	50000mm^2
***4,5x6 er reelt "kun" 42x56mm, 6x6 er reelt 56x56mm, 6x7 er reelt 56x67mm.**		

Et lille udvalg af filmstørrelser sat i forhold til hinanden. Du ser tydeligt den enorme forskel der er fra de små formater såsom Half Frame (18x24), APS (17x30) og traditionel 35mm (24x36 i den digitale verden kaldet "Full frame") til formater, der bruger 120 film, såsom 645 (56x42mm), 6x6 og 6x7 formaterne. Her er de kollossalt store 4x5" og 8x10" formater ikke medtaget.

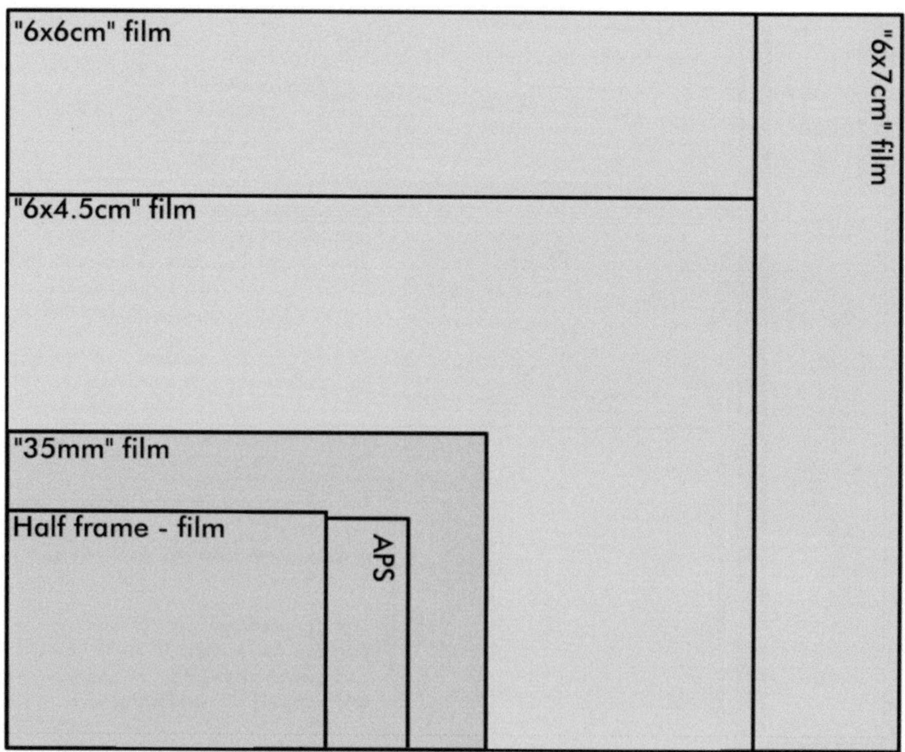

Filmfølsomhed

Hvis du har brugt et digital kamera, der ikke er en mobiltelefon, ved du måske at du kan indstille følsomheden, så kameraet tilpasses lyset. F.eks. hvis du vil fotogrfere i krafttigt lys eller til brug i dunkel belysning måske endda om aftenen eller natten. Mange bruger den automatiske tilpasning eller er måske slet ikke klar over, at kameraet tilpasser følsomheden efter den forhåndenværende mængde lys.

Med film er valget overladt til dig som fotograf, du er tvunget til at tage beslutning om filmens følsomhed allerede ved købet – selv om du f.eks. hvis du selv fremkalder sort/hvid film kan presse filmen til større følsomhed, så den kan bruges i svagere belysning end den oprindelig er tænkt til. Det har nogle andre effekter, såsom kraftigere kornstruktur og øget kontrast. Du kan faktisk også gå den anden vej og fremkalde til mindre følsomhed, og samtidigt før du så lavere kontrast og finere korn. Igen har du med det analoge et kreativt valg at tage. Du kan også øge følsomheden af et digital kamera, men effekten kan være en støj i billedet, der absolut ikke ser pænt ud. Det er meget ulig kornene i en film, som kan tilføje et smukt, kunstnerisk element.

Følsomheden i moderne film angives med en ISO værdi og du kan normalt få film med følsomheder mellem i den lidet følsomme ende ISO 50 f.eks. Ilfords Pan F og i den meget følsomme ende ISO 3200 f.eks. Kodaks Tmax P3200.

Men det bliver vist lidt teoretisk, så lad os tage nogle eksempler.

Du ønsker at tage billeder ved højlys dag, og du vil have at resultaterne har fine, små korn, der ikke dominerer dit motiv. I dette tilfælde kan du f.eks. vælge film med en følsomhed på ISO

Billedet nedenfor har alle muligheder for at være næsten kornfrit: Det er optaget på 120 film (som 6x17cm panorama) og det er optaget på ISO 100 film. Det er i øvrigt taget med et pinhole kamera.

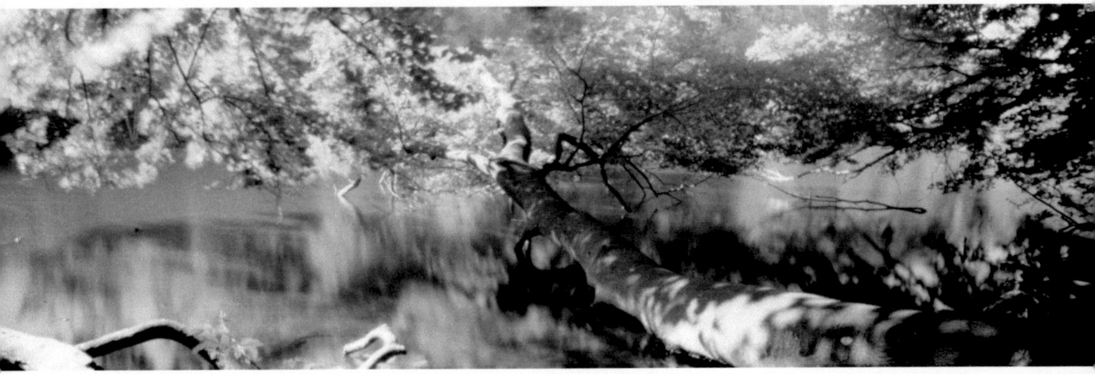

50 eller 100. Disse film giver typisk også en relativt lav kontrast, men der er forskel fra fabrikat til fabrikat. Der er mange mulige valg, men det vil føre for vidt at komme ind på, hvad de enkelte film fra de forskellige producenter har af særlige karakteristika. Det må du lære hen ad vejen.

Et andet scenarie er, at du gerne vil have en tydelig kornstruktur, så man tydeligt ser billederne er optaget på film. Du vil måske også gerne have en højere kontrast. Så vælger du film med følsomhed på f.eks. ISO 400 eller måske endnu højere. Hermed får du en mere tydelig filmstruktur i dine billeder, men bliver også begrænset i forhold til at skyde med meget åben blænde ved højlys dag. Hvilken effekt det har, kommer vi tilbage til, når vi snakker om dybdeskarphed.

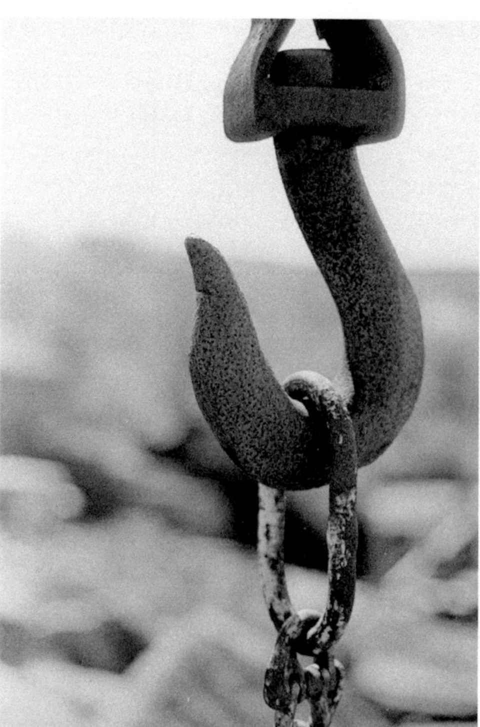

En sidste ting, som jeg vil sige generelt om film er, at du fra starten skal vælge en enkelt eller eventuelt to forskellige sort/hvid film og eventuelt også en farvefilm. Dem skal du eksperimentere med, så du lærer den/dem rigtigt godt at kende. Skifter du hele tiden til en anden film, vil dine eksperimenter ikke give dig den lærdom, du burde kunne få. Når du har lært en eller nogle få film rigtig godt at kende, ved hvilke resultater den/de giver i forskellige lysforhold med brug af forskellige indstillinger - måske endog, hvis du er gået så vidt, med forskellige måder at fremkalde på. En rigtig god idé er at føre en slags logbog/dagbog over dine optagelser og eksperimenter, så du med sikkerhed hvad det er, der skaber de billeder, som du er allermest stolt af.

Derefter kan du kaste dig over andre film, som sandsynligvis giver helt andre resultater, men også reagerer anderledes på ændrede lysforhold, andre kameraindstillinger og evt. fremkaldelse. Over tid bygger du på den måde din egen "database" over, hvad der fungerer rigtig godt for dig, og hvad der skal til for at skabe det særlige look i dine billeder.

Billedet er taget på 135 film i 24x36 formatet på en ISO 400 film og fremviser tydelig kornstruktur. Det bevidste valg her var netop at lade filmens korn accenture det rustikke look i det rustne metal, som jeg fotograferede i et nedlagt stenbrud.

Kameratyper

Hovedtyperne af kamera, som jeg vil vise brugen af i denne bog er:

- Spejlrefleks kamera
- Målesøger kamera
- Kompaktkamera

Dertil kommer en række kameraer, som er mere specielle og ikke vil blive omtalt, da jeg ikke vurderer, de er oplagte kameraer for begynderen – men helt sikkert er spændende at bruge, når man er kommet ud over startfasen. Det kunne være kameraer såsom TLR, Twin Lens Reflex, som ikke har noget dansk navn, og pinhole kamera. I parentes bemærket kan bl.a. spejlrefleks kameraet konverteres til pinhole kamera, men det er igen ud over denne bogs ramme at behandle denne mere specielle form for fotografi, hvor interessant den end er.

Jeg vil dog kort omtale et par kameraer, der hører til hvad man kunne kalde eksperimentelle, da de ikke, som flertallet af kameraer ellers beskrevet her, sigter mod at give skarpe og korrekt belyste billeder, men mere retter sig mod den, der har lyst til at bryde ud af de faste rammer.

Et godt råd, når du søger efter kamera, og det måske ikke skal koste det helt store, er at gå efter de mindst kendte mærker. De er mindst lige så gode som de kendte og sommetider faktisk bedre. De kendte er: Canon, Nikon, Minolta, Pentax, Olympus og i den helt vildt dyre ende Leica. En ting, som de færreste er klar over, er at de kendte mærker ikke altid selv producerede deres kameraer. En af de helt store producenter, som ofte leverede til de kendte mærker, men

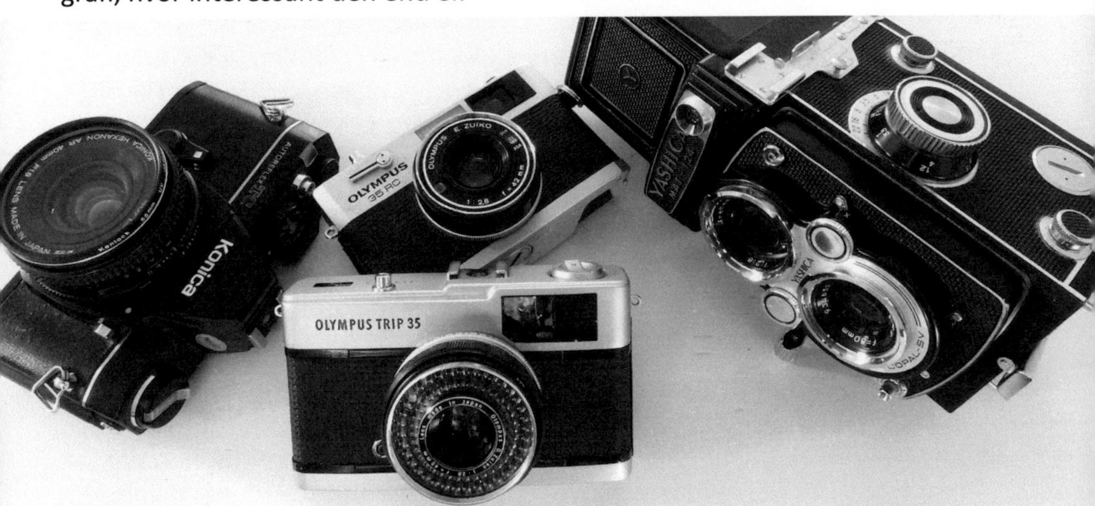

også sælger under eget navn, er Cosina. De har gennem tiden produceret kameraer til stort set alle de kendte mærker samt en række af de mindre kendte såsom Praktica, Petri, Chinon og endda det højt estimerede mærke Voigtländer, hvis navn de overtog retten til i 1999. Dermed vil jeg sige, at kvaliteten ikke afhænger af om det er et kendt mærke, du vil ofte få mere for dine penge med et mindre kendt mærke.

Spejlrefleks

Spejlrefleks kaldes på engelsk Single Lens Reflex eller forkortet SLR, og denne forkortelse bruges også sommetider på dansk.

Spejlrefleks kameraet er kendetegnet ved, som navnet siger, at have et spejl. Dette spejl reflekterer lyset fra objektivet op i søgeren mens du komponerer dit billede og stiller din afstand. I det øjeblik du trykker udløseren klapper spejlet op, således at lyset fra optikken i stedet kan ramme filmen. Denne er dog stadig blokeret af lukkeren, som mikrosekunder efter at spejlet er klappet af vejen, udløses for at filmen kan blive belyst. Så snart lukkeren lukkes igen, klappper spejlet ned på plads igen, så du igen kan se dit motiv ud gennem objektivet.

Denne beskrivelse dækker hovedparten af alle SLR kameraer, men der er forskellige undtagelser. F.eks. klappede spejlet på nogle ældre kameraer ikke automatisk ned igen, når du havde taget billedet. Først når du trak filmen frem for at tage næste billede, kom spejlet på plads og du kunne igen se ud gennem objektivet. En anden type bl.a. implementeret i Canons EOS RT havde et halvgennemsigtigt spejl, som ikke klappede op, således at du hele tiden så motivet gennem søgeren. Der var kort sagt ingen "black-out" som det hedder på engelsk, men det betød også at en del af lyset hele tiden gik til søgeren, og filmen derfor blev ramt af mindre lys, hvilket ikke var en fordel i svagt lys. Men det var de få undtagelser, vi her talte om.

Ydermere er spejlrefleks kendetegnet ved, at objektiverne kan skiftes. Det giver mulighed for at bruge objektiver fra de mest ekstreme vidvinkelobjektiver såsom de såkaldte fish-eyes, som giver et rundt billede og hvor du skal passe på ikke at få dit eget hår og fødder med i billedet, til de mest ekstreme teleobjektiver, der som kraftige teleskoper får fjerne ting til at synes tæt på.

Men det er ikke det eneste de udsikftelige objektiver kan, for objektiverne er så stor en del af det at skabe et "filmisk look" til dine billeder, at der findes et hav af forskellige objektiver, som hver har deres egen helt unikke måde at gengive motivet. Jeg har gennem tiden testet hundreder af forskellige objektiver og publicerer stadig testrapporter på min hjemmeside. Jeg bliver stadig forundret over de totalt glemte juveler, som nogle producenter har fremstillet for længe siden. Nogle af disse objektiver er så specielle, at de måske kun egner sig til en specifik form for fotografi f.eks. portræt, men er tæt på ubrugelige til alt andet. Men sådan er det, når fotografi ikke er et spørgsmål om blot at skabe en digital, klimisk korrekt 1:1 kopi af virkeligheden. Når man arbejder kreativt med fotografi, så kan helt specielle objektiver pludselig give en helt ny stil til dit arbejde. Det er vildt fascinerende.

Men det er vel nok om, hvad spejlrefleks kameraet er for en tingest, og hvorfor det er sådan et fleksibelt værktøj, som gør det muligt at fortsætte sin fotografiske rejse selv efter - i mit tilfælde – næsten 60 års fotografi.

Eksempler på SLR kameraer

Cosina CT1: Et af de mest underestimerede kameraer på denne liste. Stort set ingen kender mærket, der som sagt har produceret kameraer for de fleste kendte mærker. Og det er japansk kvalitet, når det er bedst. CT1 er et relativt simpelt kamera, der har en kæmpe fordel: Det kræver ikke batteri for at kunne tage billeder. Der er en indbygget lysmåler, som afhænger af batteriet, men lærer du at bedømme lyset selv f.eks. ud fra den såkaldte "Sunny-16 rule" (det kommer vi til senere), eller bruger du en lysmåler i din mobiltelefon, så er batteriet overflødigt, da kameraet skyder rent mekanisk på alle sine lukkertider fra 1 sekund til 1/1000 sekund og B (længere varende eksponering)

Lignende kameraer, som kan stort set det samme: Cosina CT1G, Chinon

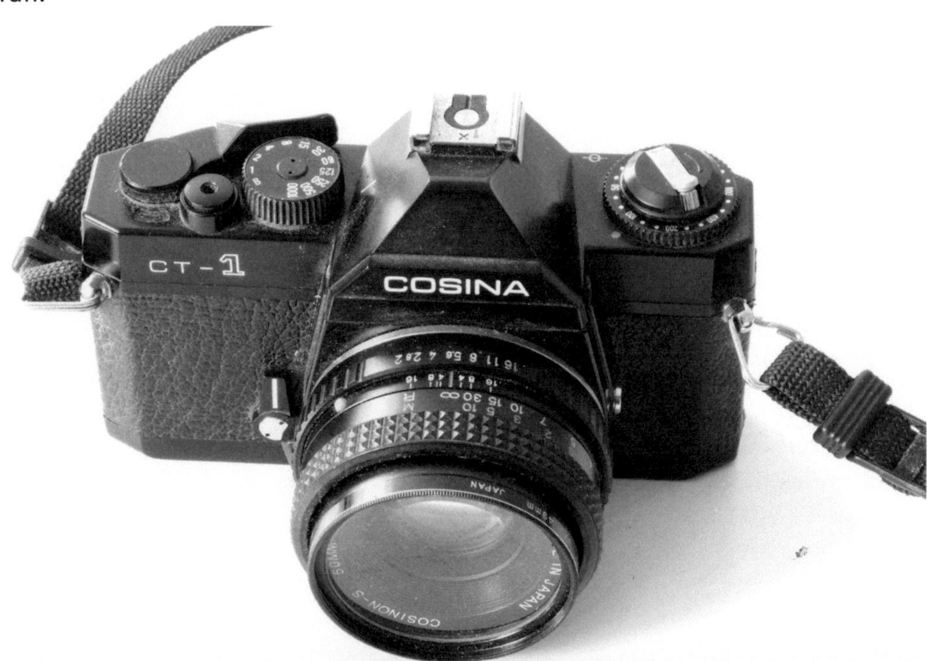

CE-4 - sidstnævnte dog afhængigt af batterier.

Petri GX-1 Super: Hvad jeg har sagt om Cosina CT1 gælder også dette kamera, der er en senere model produceret af Cosina. Den eneste store forskel er at lukkertiden på GX-1 går helt til 1/2000 sekund, hvilket kan være en stor fordel i stærk sol.

Pentax MX: Et fint kamera fra Pentax med det, som jeg betragter som en kæmpe fordel, en fuldmekanisk lukker, som fungerer uden batterier. Har du batterier i, så har du også en lysmåler. Som med alle ældre, mekaniske kameraer, så skal man inden købet sikre sig, at de lange lukkertider fungerer. Sæt det på 1 sekund og åben bagsiden, udløs nu kameraet og kig gennem optikken. Virker lukkertiden som 1 sekund? De fleste står åbne lidt længere, men bare du ved det, så kan du kompensere for det. Mit eget virker slet ikke på 1 sekund og ½ sekund er mere som 1 sekund, men det betyder ikke noget for mit brug. Kameraet har også en B setting for langtidseksponering. MX har desuden dybdeskarphedsknap (DOF knap), så du kan bedømme hvor meget foran og bagved dit motiv, der bliver skarpt. Vi kommer til at tale mere om denne feature.

Lignende kameraer, som kan stort set det samme: Pentax K2 – tungt men super gedigent, Pentax K1000 - lækkert, men hypet og derfor lidt dyrt, Pentax ME super – fuldelektronisk og fungerer kun med batterier, til gengæld kan du bruge blændeforvalg såvel som fuldt manuel kontrol. Dog ingen DOF knap.

En vigtig ting, som er værd at nævne for alle de indtil nu nævnte kameraer er, at de alle bruger Pentax K bajonet til objektiverne. Det betyder, at alle objektiver til Pentax K optikfatning passer på de nævnte kameraer - og der er et kolossalt udvalg til fornuftige priser.

Nikon FM2: En lille juvel af et kamera, der har alt det en fotograf kan ønske. Fuldmekaniske lukkertider fra 1 sekund til 1/4000 sekund, en usædvanlig hurtig lukkertid for en mekanisk lukker, DOF knap, indbygget lysmåler, Nikons F bajonet fatning med adgang til et kolossalt udvalg af objektiver produceret over en meget lang årrække. Kamerahuset er bygget i metal og er solidt. Den eneste minus er, at priserne er røget i vejret på dette fantastiske kamera.

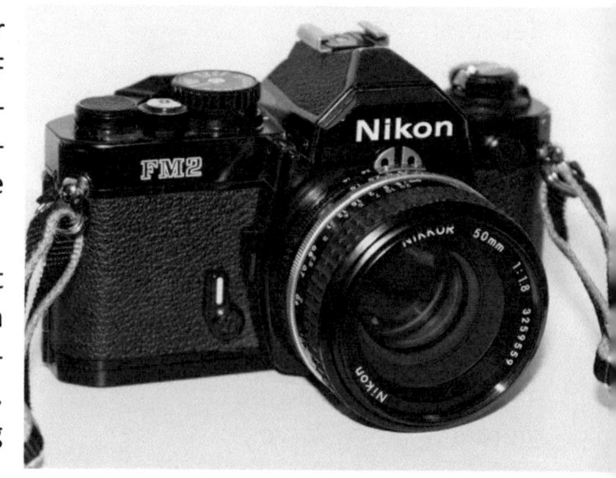

Lignende kameraer, som kan stort set det samme: Nikon FM – forgængeren til FM2, som kun har op til 1/1000 sekund, men ellers er stort set det samme kamera.

Minolta X-300: Generelt er jeg ikke den store tilhænger af Minoltas ældre kameraer. De er fantastiske, når de virker, og Minolta optik er generelt godt, men alle deres kameraer med elektronik var lidt ustabile. Når jeg alligevel har et med på listen, er det fordi, dette ofte kan fås ret billigt. Og virker det, er det et kamera, der har meget af det, du har brug for. Blændeforvalg eller manuel indstilling, lysmåler, elektronisk selvudløser, det mangler desværre en DOF knap og kameraet er afhængigt af batterierne. Men tjek at det kan udløse lukkeren og at den lukker igen ellers er kondensatorerne i kameraet formentlig døde, tjek at lukkertidsgardinet åbner helt, for er de ting ikke i orden, så bliver det hurtigt et dyrt kamera. Så skal du hellere satse på noget andet.

Lignende kameraer, som kan stort set det samme: Minolta X-500, X-570 har begge samme svagheder som X-300 og er generelt lidt dyrere. De gamle Minolta SRT kameraer er langt mere stabile, har mekaniske lukkere og er derfor ikke batteri- og elektronik afhængige, men de er noget klodsede og tunge.

Konica Autoreflex TC: Konica er nok mest kendt for sine point&shoot kameraer i fancy farver, men de producerede faktisk også en række spejlrefleks kameraer, hvoraf jeg vil fremhæve det relativt simple Autoreflex TC. Det kan køre uden batterier, hvor du vælger såvel lukkertid som blænde, men har du batteri i det, får du som noget usædvanligt mulighed for lukkertidsforvalg, altså hvor du vælger lukkertiden og kameraet stiller blænden. Lukkertiderne er lidt begrænsede, 1/8 sekund til 1/1000 plus B, men da du kan få dette kamera til ret lave priser måske incl. den fine 40mm f1.8 optik, er det stadig et godt begynderkamera.

Olympus OM-10: Dette kamera er et af de mest efterspurgte begynderkameraer, og det har sine grunde, men jeg vil nu alligevel sætte lidt spørgsmålstegn ved, om det nu er et af de bedste. For det første er du totalt afhængig af batteri, og du kan ikke rigtig vokse med kameraet, da det som udgangspunkt kun har blændeforvalg og ikke giver muligheden for manuel kontrol. Du kan ganske vist købe en lille anordning til at sætte på fronten af kameraet, og denne giver manuel kontrol, men så skal du jo købe noget ekstra. Men det er unægtelig et smukt kamera, let at betjene og bruger du Olympus optik, så får du også noget af det bedste. Det sælges oftest med et 50mm f1.8 objektiv, og det skal du bare tage, for det giver fin skarphed og dejlig blød baggrund i den uskarpe zone. Men tjek at lukkeren ikke bare står åben og kameraet er låst. Kommer det ikke ud af denne tilstand med et nyt sæt batterier, så er det formentlig for dyrt at få repareret.

Olympus OM-40: Er du til Olympus kameraer og deres dejlige objektiver, så vil jeg hellere foreslå at du kigger på OM-40, der er marginalt dyrere, men giver mulighed for hele tre forskellige modes: 1). Fuld automatik, hvor kameraet vælger såvel lukker som blænde. 2). Blændeforvalg. 3). Samt ikke mindst fuld manuel kontrol. Som OM-10 har det svagheden, at det slet ikke virker uden batterier, men med den meget lille merpris er det klart anbefalet herfra, da du bedre kan vokse med dette kamera.

Lignende kameraer, som kan stort set det samme: OM1 og OM2 er mere professionelt orienterede Olympus modeller, OM-1 fuldt mekanisk, OM-2 afhængig af batterier, men da priserne på dem nærmest er eksploderet, mener jeg ikke at de udgør reelle alternativer for begynderen.

Canon AE-1 og AE-1 Program: Der skal ikke herske nogen tvivl om, at Canon gennem tiden har lavet mange fantastiske kameraer, og at deres objektiver kan være rigtig fine, selv om de også har lavet noget billigt bras ind imellem. Men et velfungerende Canon AE-1/AE-1 Program er et særdeles fint kamera, hvilket mange desværre har fundet ud af, så priserne er skruet i vejret. Du kan jo være heldig at finde et til en fornuftig pris, hvis du er lidt tålmodig. Der er et kolossalt udvalg af objektiver tilgængelig for FD fatningen, som dette kamera bruger, både objektiver fra Canon selv men også af mange tredjeparts producenter som Tokina, Vivitar, Sigma, Tamron m.fl.

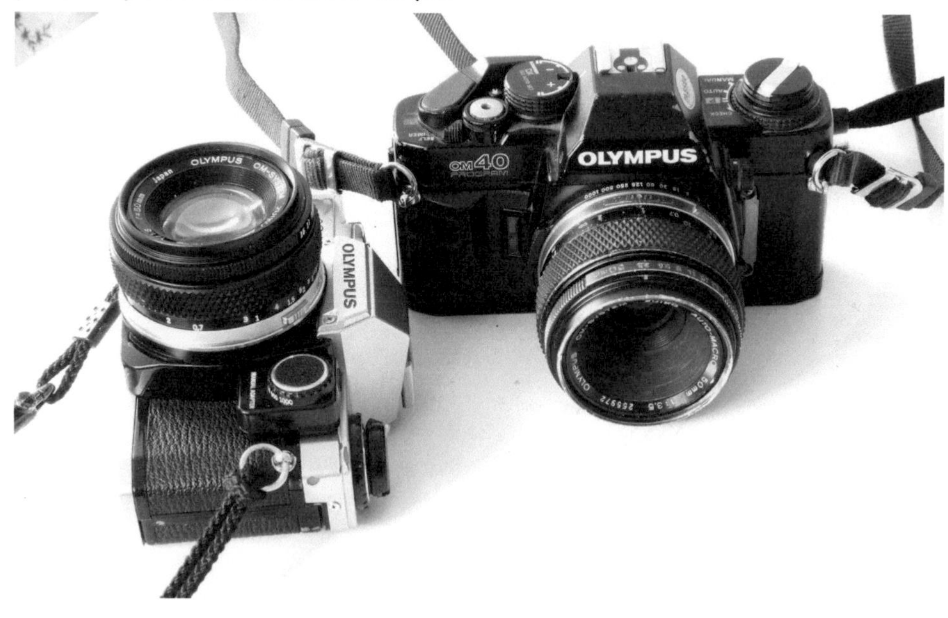

Lignende kameraer, som kan stort set det samme: Canon A-1 er umiddelbart et lignende kamera, der desværre også oftest er alt for dyrt, men er virkelig lækkert. A-1 er lidt mere avanceret idet det både har programautomatik, tidsforvalg, blændeforvalg og helt manuel indstilling. Der findes en række tidligere rent mekaniske modeller, som er meget robuste, men vejer ekstremt meget.

Canon EOS 500/500n: Det er et langt mere moderne Canon kamera, som benytter en anden objektivfatning end de førnævnte FD modeller. Faktisk er det EF fatningen, som Canon har benyttet lige til de fornyelig begyndte at producere digitale spejlløse kameraer. En af fordelene ved EOS serien er således, at de kan benytte alle de EF objektiver, som Canon har produceret gennem de mere end 30 år siden de introducerede det første EOS kamera i 1987. Desuden har 3. parts leverandører som Sigma, Tamron m.fl. produceret et utal af objektiver til denne fatning, og nogle af dem f.eks. Sigmas ART serie holder ekstremt høj kvalitet.

EOS 500 er ret billigt at få fat i, det har både blændeforvalg, lukkertidsforvalg, fuldt manuel samt fuldautomatisk indstilling af belysningen. Ydermere kan du bruge objektiver med autofokus, men kan også slå det fra, hvis du selv vil tage kontrol af fokuseringen. Og så har kameraet motor til fremføring og tilbagespoling af filmen. Det betyder selvfølgelig at du i modsætning til mange af de tidligere nævnte kameraer er totalt afhængig af batterierne: To styk CR123A batterier. Det gode er dog, at de holder mange ruller film typisk omkring 50 film.

Lignende kameraer, der kan lidt af det samme: Canon EOS 100 er lidt mere avanceret med lukkertider ned til 1/4000 sekund. Canon EOS 650 var det første kamera, der benyttede EF fatningen, og det er næsten identisk med EOS 620, som du anskaffe i stedet. Men begge er bundsolide kameraer, som jeg har haft velfungerende eksemplarer af her 30 år efter deres produktion.

Vil du over i Nikon land og finde noget lignende, så er F301 og F401 rigtig dejlige kameraer, men også de nyere F50, F65 og særligt det semiprofessionelle F90X er supergode kameraer. F90X var mit første lidt mere avancerede, moderne spejlrefleks og jeg fik fantastiske billeder med det. Det har lukkertider helt ned til 1/8000 sekund og et hav af muligheder, men er samtidigt utroligt simpelt at bruge. De nævnte Nikon kameraer bruger Nikons F-mount (fatning), som der findes lige så stort et udvalg af objektiver til som for Canons EF.

Målesøger

De fleste har hørt om Leica kameraer, som er kendt for deres helt unikke kvalitet, men som ofte klandres for at være totalt vildt "over-priced." Og de er da vitterligt dyre, visse af dem rigtigt dyre. Men det var ikke pointen her, det var mere, at hvis du kender det traditionelle Leica, så kender du også et målesøger kamera i hvert fald af udseende. Faktisk har Leica også produceret SLR kameraer, men det er ikke noget de er nær så kendt for som deres fantastiske målesøgerkameraer.

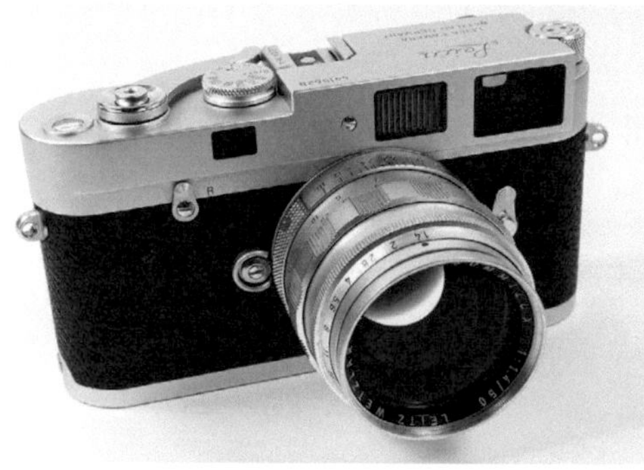

Med målesøgerkameraet har du ikke et spejl, som gør at du kan se ud gennem det objektiv, som i den sidste ende også projicerer billedet på din film. Målesøgeren har typisk søgeren siddende ude i venstre side af kameraet (set som du holder kameraet, nogle har søgeren lidt inde fra siden på kameraet, men det ændrer ikke princippet) og har så et andet lille vindue siddende længere mod højre på kameraet. Det lille vindue projicerer en lille central del af dit motiv ind i din søger, og når du stiller afstanden så ændres det lille billede. Når billedet direkte gennem søgeren og det projicerede billede fra det lille søgervindue viser motivet ens, billederne så at sige overlapper, så er din afstand indstillet korrekt. På den måde måler søgeren afstanden til motivet, og deraf er navnet målesøger kamera opstået.

På de fleste målesøger kameraer kan du ikke skifte objektivet, men de omtalte Leica kameraer har mulighed for at skifte objektiv, men der er slet ikke det samme brede udvalg, som når du bruger SLR kamera. Der er også enkelte andre målesøger kameraer, der giver denne mulighed, så Leica er ikke det eneste valg, hvis det lige er sådan en type kamera du ønsker dig.

Eksempler på målesøgerkameraer

Minolta Hi-Matic 7: Et relativt klodset kasseformet kamera, som til gengæld kan give fantastisk skarpe billeder. Objektivet er et 45mm med lysstyrke f1.8 som allerede fuldt åbent tegner meget flot måske undtagen helt ude i hjørnerne, men blænder du lidt ned får du fin skarphed over hele billedet. Målesøgeren sørger for, at du har let ved at stille skarpt, og den indbyggede lysmåler – der ganske vist kræver batteri – er rimelig præcis og giver dig både manuel, blændeforvalg og tidsforvalg.

Lignende kameraer, som kan stort set det samme: Minolta Hi-Matic 7S, Hi-Matic 9.

Yashica Minister III: Her er et kamera, der baserer sig på en selen lysmåler, og som derfor ikke kræver batteri. Til gengæld skal du selv overføre lysmålerens anvisninger til objektivet, hvorefter du kan vælge den blænde-lukkertidskombination, som du vil. Målesøgeren fungerer fint og sikrer skarpe billeder.

Konica Auto S2: Her er igen et lidt stort og klodset kamera, der til gengæld har en stjerneoptik, Hexanon 45mm f1.8, som er kendt for sin super skarphed. I det hele taget er Hexanon objektiver generelt meget fine. Kameraet kan køre manuelt eller med lukkertidsforvalg, men det kræver så et batteri.

Lignende kameraer, som kan stort set det samme: Revue Auto S2 er det samme kamera, Konica Auto S3 er et langt mere kompakt kamera med en højst estimeret optik på 38mm f1.8, men denne nyere model sælges desværre til vanvittigt høje priser. Der findes mange såkaldte kopier af den, men ingen med den fantastiske optik.

Olympus 35 RC: Olympus viser igen, hvordan et lille kompakt kamera ikke behøver være begrænset i funktionalitet. Kameraet har manuel og lukkertidsforvalg og en stor lys søger med informationer om såvel lukkertid, som den blænde kameraet vil vælge, hvis du bruger automatikken. Det eneste, der ikke er så overvældende, er målesøgeren, der ikke er særlig tydelig.

Ricoh 500G/500RF: Endnu et lille målesøgerkamera, der er ret eftertragtet for både sit objektiv, et 40mm f2.8 objektiv, og sin funktionalitet. Du stiller lukkertiden, kameraet kan stille blænden automatisk (med batteri i kameraet), eller du kan vælge at stille både lukkertid og blænde selv. Eneste minus er at målesøgeren ikke er særlig præcis.

Canon Canonet QL17 GIII: Hvis du vil have kvalitet, men ikke vil op i Leica land og heller ikke behøver kunne skifte objektiv, så er den lille robuste Canon QL17 GIII et fantastisk bud. 40mm objektivet er pivskarpt og kan skabe super flot baggrundsseparation med sin fine lysstyrke på 1.7. Målesøgeren er bedre end de fleste andre små kameraer, så du kan stille afstanden præcist. Det har længe været mit favorit målesøgerkamera.

Kompaktkamera og point&shoot

Kompaktkameraet er som type den mest variable og ikke altid lige kompakt. Et kamera, der ligner et målesøgerkamera, men ikke har målesøgeren, vil ofte blive betegnet som et kompaktkamera. Du skal stadig selv stille afstanden, men har ikke målesøgerens hjælp til dette. Og så er de kompakte kameraer, som kaldes "Point and shoot," tænkt som et alternativ, hvor du ikke skal gøre så meget, men blot rette kameraet mod dit motiv og trykke af, enten fordi det selv stiller skarpt automatisk eller fordi det har en såkaldt fix-focus objektiv, der ikke skal stilles afstand på – men det giver også en række begrænsninger.

Hvor det egentlige kompaktkamera kan have nogle indstillingsmuligheder i stil med målesøger kameraet, så har point and shoot kameraet det ikke. En del point&shoots er også forsynet med et zoomobjektiv, der dækker et større brændviddeområde, så du både kan få det brede perspektiv og det snævre kikkertlignende perspektiv.

Eksempler på kompaktkameraer

Olympus XA2: Vanvittigt kompakt kamera, som trods dette har en relativt skarp optik, så du sagtens kan få fine billeder. Den oprindelige XA var et målesøger kamera, men den model, jeg har brugt XA2, var mere simpel med en afstandsindstilling med tre symboler. Objektivet havde med sin brændvidde på 35mm og en lysstyrke på 3.5 stor skarphedsdybde, hvorfor den mere præcise målesøger ikke var nødvendig. Men jeg kan bedre lide den oprindelige model.

Olympus Trip 35: For mig var dette et afgørende kamera. Det var det første analoge kamera, jeg brugte, da jeg vendte tilbage til analog fotografi efter nogle år med udelukkende digitale kameraer. Det er et meget simpelt kamera, men du kan lave utroligt fine billeder med det. Objektivet er relativt skarpt og kameraet stiller selv en kombineret lukkertids/blænde

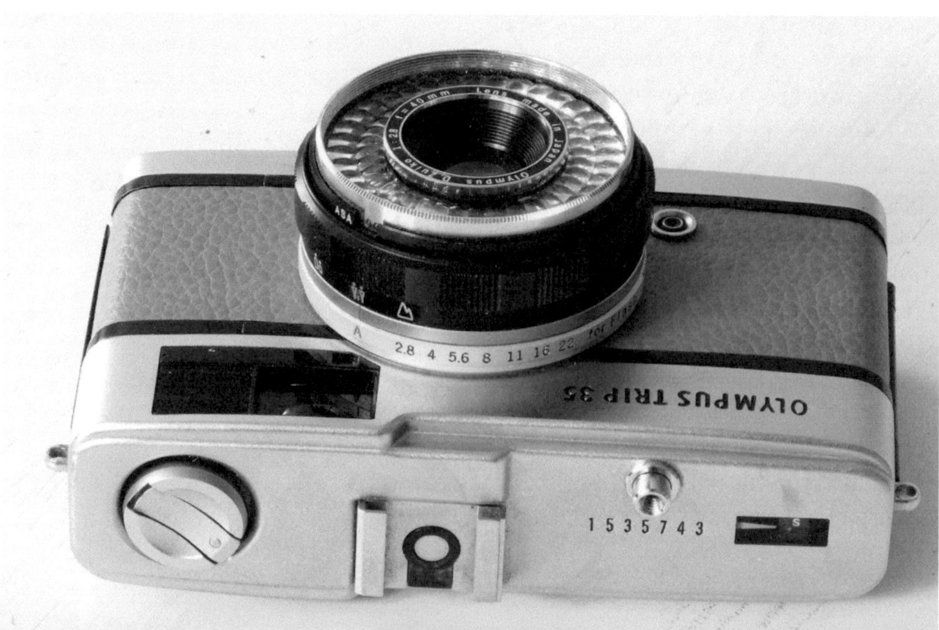

indstilling, der passer til lyset indenfor ret vide grænser. Det eneste irriterende er, at det blokerer helt, hvis det mener, der ikke er lys nok. Jeg har anskaffet en særlig fin model med lys læder beklædning for at markere, at det er et kamera, der betyder meget for mig.

Agfa Optima Sensor: Et andet kamera, som ofte er til at få billigt, men som samtidigt har en fin optik er Agfa Optima Sensor. Det fås i flere modeller og specielt dem med Solitar objektiv er fine og leverer forrygende skarpe optagelser. Det findes også både i simple udgaver og i målesøger udgaver, men sidstnævnte er noget dyrere. Det er meget specielt på en anden måde, idet returspolingen foregår med samme arm som fremspolingen. Man skal trykke på en lille knap først, så skifter armen funktion fra frem- til tilbagespoling. Det har været en af mine favoritkameraer - sammen med Olympus Trip 35.

Eksempler på Point & Shoot kameraer

Konica Pop: Det oprindelige Konica Pop var et lille fancy kamera, som kom i alle mulige forskellige farver, er kendt af de fleste, senere kom mere avancerede modeller endog med zoom. Det oprindelige havde absolut NUL muligheder for indstillinger, men kunne til gengæld fås i alle mulige farver såsom de almindelige; sort, grå, rød, blå og hvid. Men også i bizarre farver; gul, lysegrøn og endog pink. Eneste indstilling, ISO / filmfølsomheden, stiller blænden og der en kun en fast lukkertid, fokus er fix-fokus altså en indstilling der forhåbentlig dækker det område, du forsøger at fotografere. Der er en blitz, som formentlig har givet navn til kameraet, der popper op, men navnet kan selvfølgelig også komme fra det "poppede" udvalg af farver, kameraet kunne fås i. Skal du bruge blitzen er to AA batterier nødvendige, ellers kan du fint klare dig uden batterier.

Optikken er en 36mm med f4 som bedste (mest åbne) blænde, men rammer du indenfor skarphedsområdet af objektivet, så leverer kameraet faktisk forbløffende resultater og er noget af det simpleste at bruge.

Konica Z-Up: Med Z-up serien leverede Konica mere avancerede kameraer med en masse automatik og typisk et ret stort zoom område. Der var en del elektronik i alle modellerne til at klare korrekt belyste billeder, afstandsindstilling og motor til fremføring af filmen, men al den teknik var også mere følsom, så få kameraer har bestået "the test of time," og fungerer perfekt i dag.

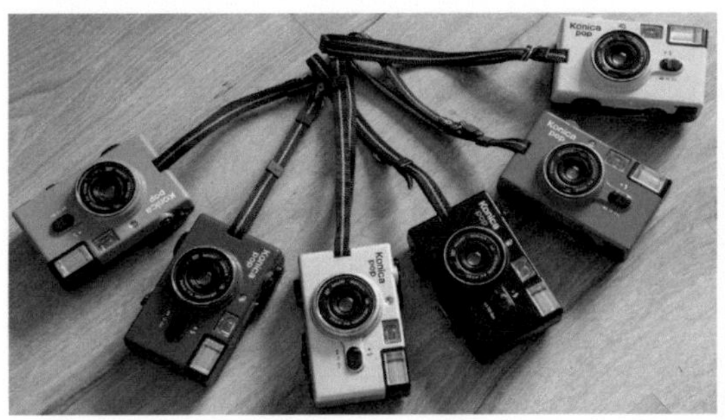

Jeg har dog haft et par stykker, da jeg var sponsoreret af Konica under en del af mine bjergekspeditioner til verdens højeste bjerge. De leverede altid pæne resultater. Særlig bør Z-up 110 VP nævnes. Det havde en optik der rakte fra 38-110mm, klarede alle indstillinger automatisk og gav rimeligt skarpe billeder.

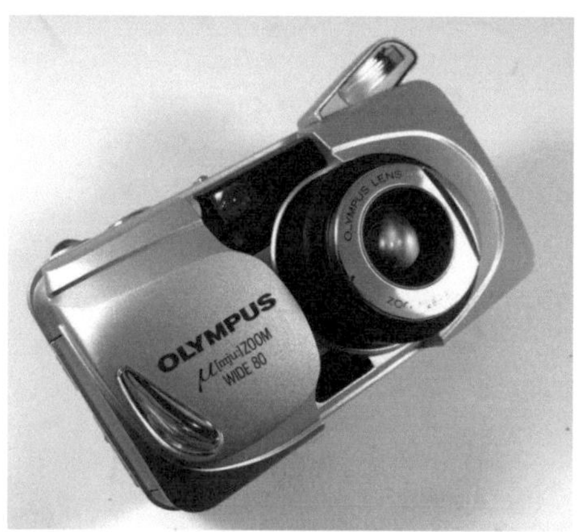

Olympus Mju: Her har vi fat i et miniature kamera, så lille er det, at det er utroligt at der overhovedet er plads til filmen og en spole at føre den over på under optagelserne. Kameraerne findes også under navnet Stylus, som de blev solgt under i USA. Alle Mju kameraer har velfungerende autofokus og belysningsindstilling. De første havde fast 35mm f3.5 objektiv, mens de senere fik zoom objektiver med oftest meget stor rækkevidde. Olympus fortsatte Mju/Stylus brandet ind i den digitale tidsalder, så det er formentlig den kameraserie (hvis man kan kalde 35mm analog og digitale kameraer en samlet serie) der har solgt allerflest kameraer. Konica Pop konkurrerer dog nok om titlen. Min udgave af Mju er nok det mindste kamera, jeg nogensinde har ejet.

Eksperimentelle kameraer

Jeg har haft mange spændende dage og vilde forventninger, når jeg kom hjem med film fra de kameraer, jeg nu vil omtale, og skulle i gang med at fremkalde. Sommetider blev jeg skuffet, andre gange var jeg helt oppe i skyerne af begejstring over resultaterne. Sådan er det eksperimentelle fotografi, næsten lidt som Forest Gump siger i filmen af samme navn (det er rettelig hans mor, der siger det til ham): "Life is like a box of chocolate, you never know what you get." Her er det så fotografiet, der kan give det helt utrolige eller omvendt kan skuffe fælt.

Holga er måske et navn, du har hørt om eller set billeder fra. Nogle kalder det et "toy camera," altså rent legetøj. Kendetegnet ved at være fremstillet hovedsagelig i plastic incl. også objektivet. Du ved ikke en gang, om to ellers ens kameraer vil give samme resultat af den samme scene, og nogle kameraer leverer relativt skarpe resultater mens andre har helt anderledes karakterfulde resultater, der skal udnyttes kreativt for at få no-

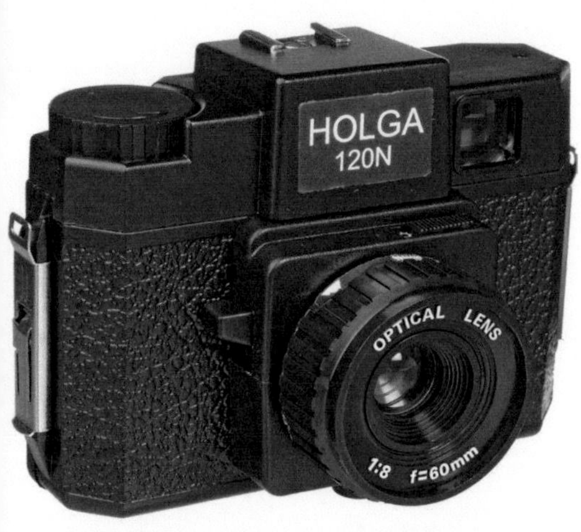

get godt ud af det. Men det er netop det, der er tiltrækningen med Holga kameraet. Nogle vil hade det, andre vil blive vildt inspireret af kameraets evne til at tilføje sin egen karakter til billedet. Holga kameraer findes i flere afskygninger og de fleste bruger 120 film, men der findes også udgaver til 135 film. Totalt anbefalelsesværdigt at prøve, når du er ude over det første begynderstadie.

Et andet ”toy camera,” som også er fremstillet primært i plastic, er Sprocket Rocket, men i modsætning til Holga findes det udelukkende til 35mm film. Det har to særlige egenskaber den første af hvilke har givet navn til kameraet. ”Sprockets” er den engelske betegnelse for perforeringen i 35mm filmen, og dette kamera belyser filmen næsten helt til kanten dvs. også filmen udenom perforeringen bliver belyst. Den anden særlige egenskab er at billedformatet ikke kun dækker hele bredden af filmen, men også er hele 72 mm lang, så du samlet har et billede på 33mm x 72mm, altså et decideret panoramabillede. Optikken er også her af plastic og leverer heller ikke et fantastisk skarpt billede, som desuden heller ikke er helt ensartet belyst. Men det er et sjovt kamera til eksperimenter og kan give nogle forrygende billeder - se billedet på næste opslag.

Både Holga og Sprocket Rocket er også kendetegnet ved, at de ingen hindringer sætter i vejen for dobbelteksponeringer. Du skal faktisk selv holde øje med, om du har trukket filmen frem. Men det var lidt en tangent, vi der tog, for det er nok ikke kameraer at starte med. Men nu ved du, at der er noget spændende i vente, når du er kommet over begynderstadiet, noget der virkelig kan booste kreativiteten.

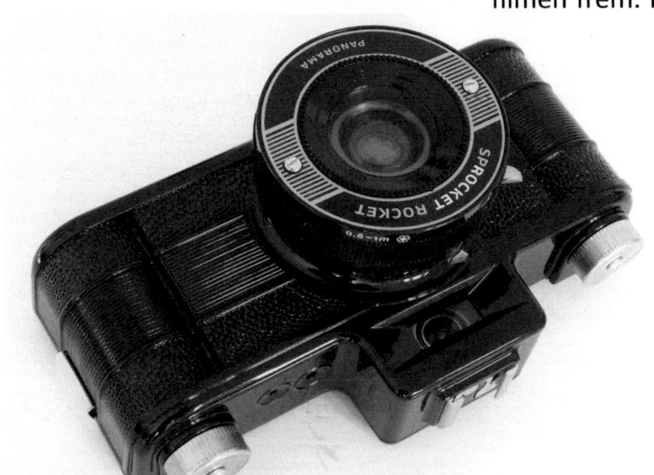

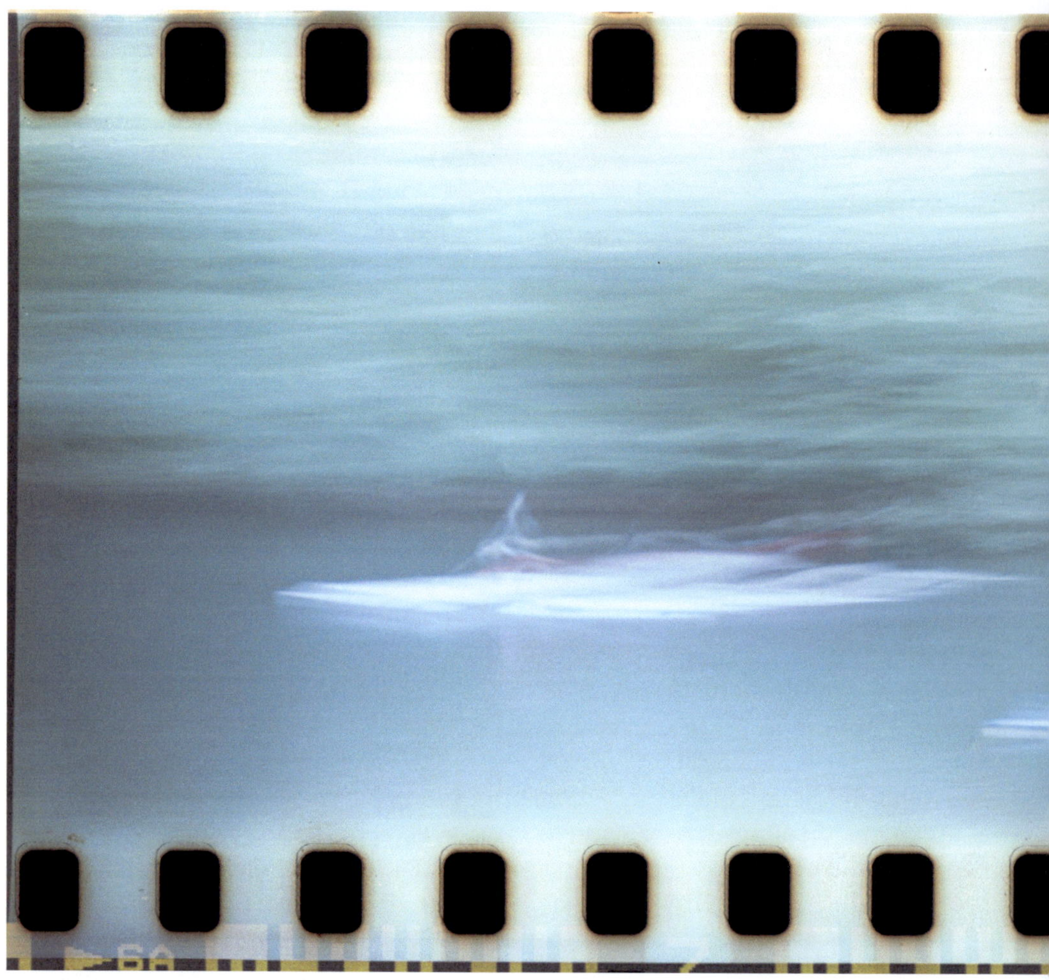

Kajakroere på Mølleåen.

Det er en mørk dag med meget lidt lys, men jeg beslutter mig for at prøve at være lidt kreativ, tager mit mest legetøjslignende kamera og bevæger mig ud for at finde inspiration. Mens jeg går langs Mølleåen kommer tre kajakroere mod mig.

Jeg sætter kameraet, mit Sprocket Rocket, på B indstillingen, hvor jeg kan holde lukkeren åben så længe, jeg holder udløserknappen nede, sætter blænden på den mindste værdi, så der ikke kommer så meget lys ind til filmen. Det betyder, at jeg skal eksponere relativt længe for at få lys nok til at skabe et billede og derfor forventer bevægelsesuskarphed.

Da de er lige ud for mig trykker jeg lukkeren ned, panorerer med roerne mens de passerer, har lukkeren åben ca. et sekund, før jeg slipper lukkeren, og håber bare det må blive godt.

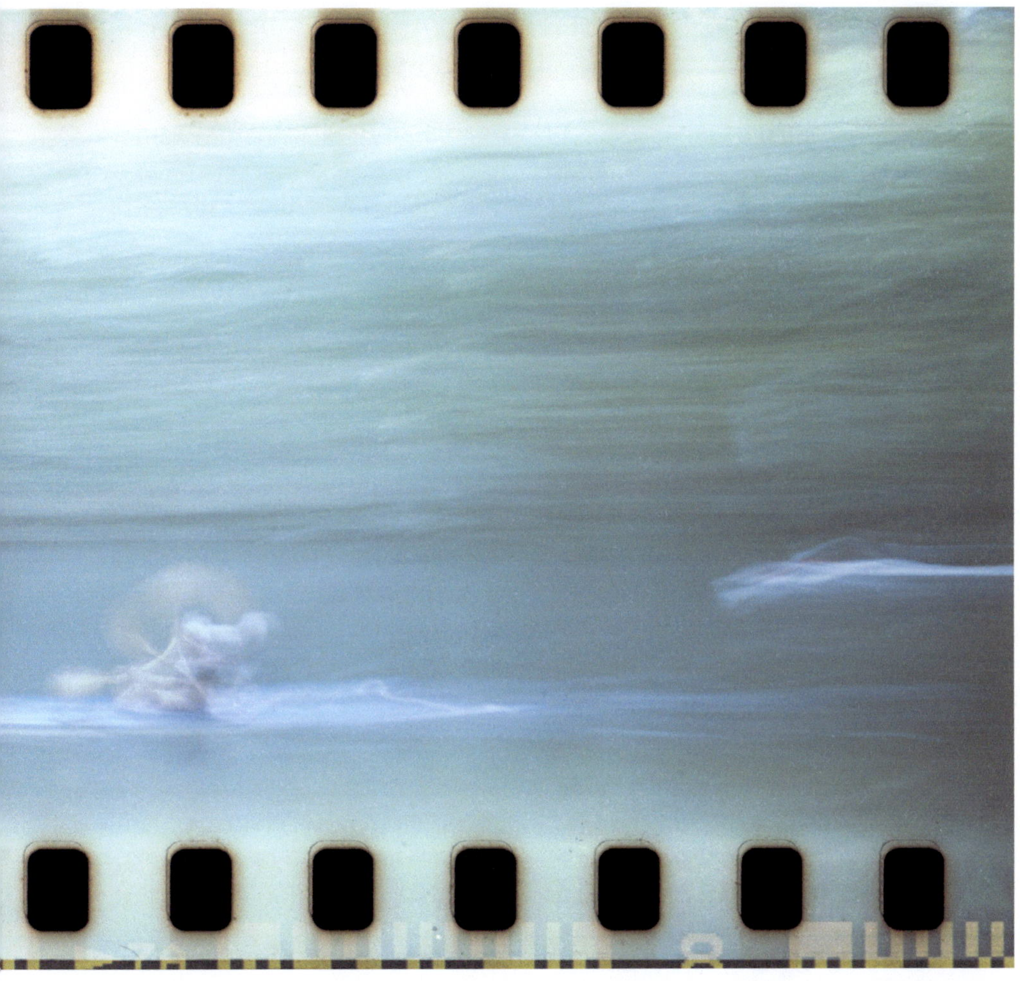

Da jeg, efter at have taget mange andre billeder, kommer hjem, får jeg farvefilmen ud af kameraet og putter den i en fremkaldetank. Jeg klargør den såkalde C41 fremkalder, som bruges til at fremkalde farvenegativ film. Det er ikke helt enkelt, kræver relativt præcis temperaturstyring samt nøje overholdelse af fremkaldetider.

Men da resultaterne efter omkring en halv time kommer ud af fremkaldetromlen bliver jeg meget glad. Billedet af roerne er præcist som jeg havde visualiseret det, bevægelsesuskarphed, men stadig genkendeligt, man kan endda se deres robevægelser. Og farverne af vandet og træerne omkring åen flyder sammen på en skøn måde. Jeg er ikke altid begejstret for fremføringshullerne i filmen, sommetider forstyrrer de for meget, men her i dette næsten abstrakte billede synes jeg, de tilføjer et element, der synes at slå takten for roerne.

Samlet set er det et af de kreative billeder, jeg er allermest glad for.

Klargøring af kamera

Når du skal gøre dit kamera klar til brug, er der flere forskellige ting, du skal foretage dig. Men det afhænger en del af kameraet, hvad du skal gøre. Det vil altid være en fordel at søge manualen til dit konkrete kamera på nettet. Søg på kameraets navn og ordet "manual", så finder du som regel noget.

Batteri

Har kameraet et batteri? Selv om kameraet har et batteri, er det ikke sikkert, det er decideret afhængigt af det. Der er adskillige ældre kameraer, som har mekaniske lukkere i modsætning til elektroniske, og de er ikke afhængige af batteriet for at virke. Men de kan kræve et batteri til at drive lysmåleren. Nu tænker du måske, "men hvordan skal jeg klare mig uden en lysmåling." Det er selvfølgelig et godt spørgsmål, men der er en måde, hvorpå du faktisk kan bedømme lyset selv, og så findes der lysmåler apps til såvel Android og iPhone. Men du kan naturligvis også vælge at sætte batterier i kameraet og bruge den indbyggede lysmåler, hvis den er der. Eksempler på denne kameratype er f.eks. det forrygende fine Petri GX-1 Super, der har mekaniske lukkertider helt op til 1/2000 sekund, men kun skal bruge batteriet til at drive lysmåleren. Et kamera, jeg holder af at have med på ekspeditioner i bjergene, hvor de lave temperaturer får batterierne til at yde dårligere. Med mekanisk lukker kan jeg altid tage billeder, bare jeg selv kan bedømme lysmængden.

Lysmåleren kan især på ældre kameraer være af typen, der bruger en selencelle, og disse er uafhængige af batterier, da der fra lyset i omgivelserne dannes strøm i selencellen, der så driver denne til et udslag, som fortæller dig om lysstyrken i det målte. Sådanne kameraer bruger ingen batterier.

Et eksemple på dette er målesøgerkameraet Yashica Minister, hvor selencellens udslag registreres i et lille viserinstrument på toppen af kameraet. Den værdi man aflæser her overføres manuelt – altså af dig som

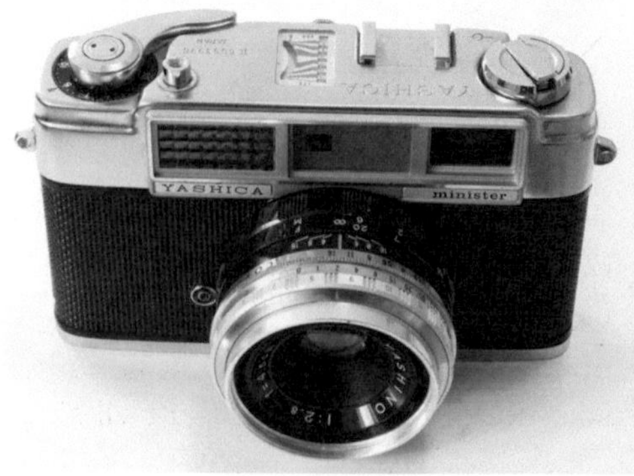

fotograf – til objektivet. Værdien er en såkaldt EV værdi, og ud fra den kan du så vælge en kombination af lukkertider og blændere, som alle vil give korrekt belysning af filmen. Et andet eksempel er Olympus Trip 35, som også benytter en selencelle til lysmålingen og ud fra den automatisk stiller en kombineret lukkertid- + blændeindstilling - se billedet side 30.

Batteriet har på nyere kameraer større betydning, idet deres lukker ikke længere er mekanisk men derimod er elektronisk. Elektronikken kræver naturligvis strøm for at fungere, og mange af disse kameraer går simpelt hen i baglås, hvis der ikke er et fungerede batteri i kameraet. Et godt eksempel er det utroligt populære Olympus OM-10, som bruger to små knapcelle batterier. Udløser du lukkeren uden batterier eller med opbrugte batterier, så vil spejlet klappe op og forblive der, lukkeren udløses ikke, og kameraet er fuldkommen ubrugeligt. Så snart der kommer nye batterier i, vil lukkeren udløses, spejlet gå på plads og du vil igen kunne spole frem til næste billede.

Et andet eksempel er Nikon F-301 og flere andre kameraer i samme serie, hvor man bruger 2-8 styk AA eller AAA batterier. Grunden til de lidt større batterier er at filmfremføringen er motoriseret og derfor kræver noget mere strøm end de små knapceller kan levere.

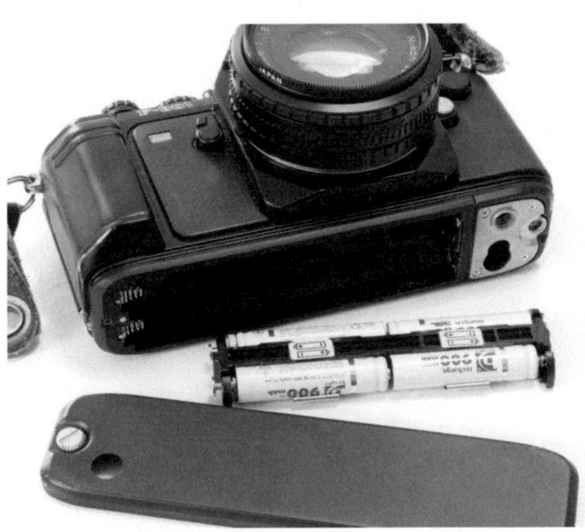

Påsætning af objektiv

Hvis dit kamera er et målesøgerkamera, kompaktkamera eller point&shoot, så har det sandsynligvis ikke udskiftelige objektiv, det vil sige det er allerede klar til dig. Med disse kameraer skal du dog være opmærksom på, om der sidder en beskyttelseslåg (lens cap) på objektivet. Du kan ikke se gennem søgeren, at det sidder på, da du ikke kigger ud gennem objektivet, når du ser i søgeren.

En del af bl.a. målesøgerkameraerne har en lysmåler siddende lige rundt om objektivet. Med sådan et kamera vil din belysningsmåler gøre dig opmærksom på, at den ikke modtager noget lys f.eks. har det superpopulære Olympus Trip 35 en blokering, så du ikke kan optage billeder med mindre der kommer lys nok til objektivet. Desværre går denne blokering i stykker på mange af disse ellers fine kameraer, så du alligevel kan tage billedet. Men du må eksperimentere med dit eget kamera og se, om det på en eller anden måde gør dig opmærksom på, hvis du har glemt at tage beskyttelsesdækslet af optikken. I modsat fald må du selv være opmærksom - jeg skal med det samme indrømme, at jeg mange gange har glemt, dækslet sad på mit objektiv, men jeg har heldigvis opdaget det ret hurtigt. Jeg mindes ikke at være gået glip af et decideret drømmemotiv pga. dækslet, men det kunne utvivlsomt hænde.

Har du et SLR (det var forkortelsen for spejlrefleks), og sidder der ikke et objektiv på, så skal du have det monteret. På alle kameraer, jeg kender til, er der en indeksmarkering på såvel kameraet som på objektivet. De to skal holdes ud for hinanden inden objektivet skubbes ind i fatningen på kameraet. På de fleste kameraer skal objektivet så drejes lidt med uret til der

Isætning af objektiv på et Canon kamera med EF bajonet. De to ringe viser de markeringerne på henholdsvis kameraet og objektivet, som skal være lige ud for hinanden, for at objektivet kan komme ind i fatningen. Derefter drejes det med uret, til der lyder et tydeligt klik.

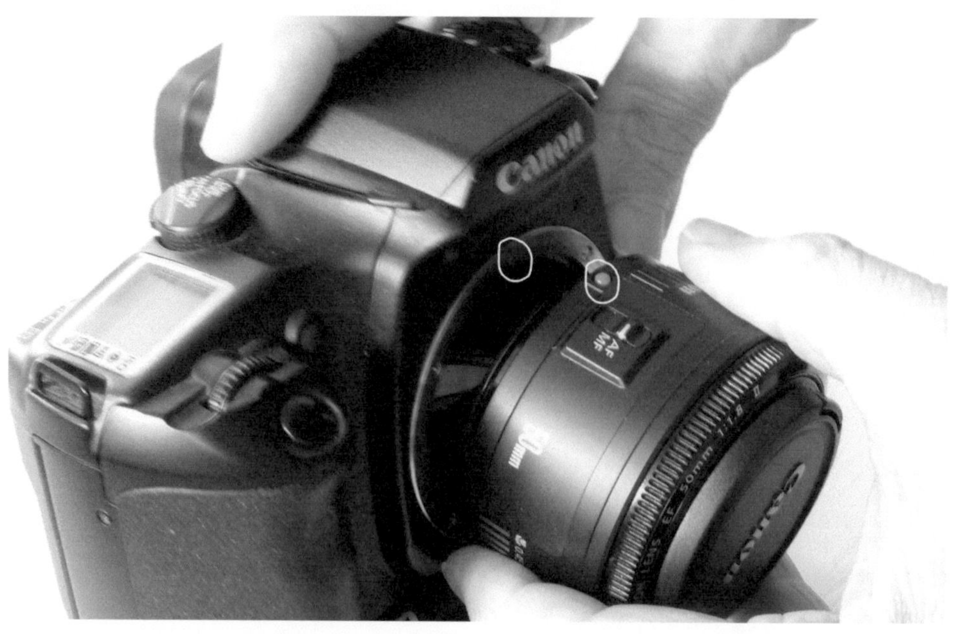

lyder et klik og objektivet sidder låst fast. Nikon har dog valgt det anderledes med deres F-fatning, her drejer man mod uret. Og de ældre Canon kameraer, der bruger FD fatningen, har en lille drejelig ring på objektivet, her er det ikke objektivet, men ringen der drejes med uret.

En smule anderledes forholder det sig hvis du har et af de ældre kameraer, der benytter den såkaldte m42 fatning. Det er en skruefatning med en diameter på 42mm, og den skal simpelthen skrues ind til den sidder fast. Faktisk findes der andre skruefatninger, men de er sjældne og virker på samme måde som m42 fatningen, det er bare at skrue objektivet indtil det sidder fast.

Så har du nu forhåbentlig et kamera som er parat med et objektiv på.

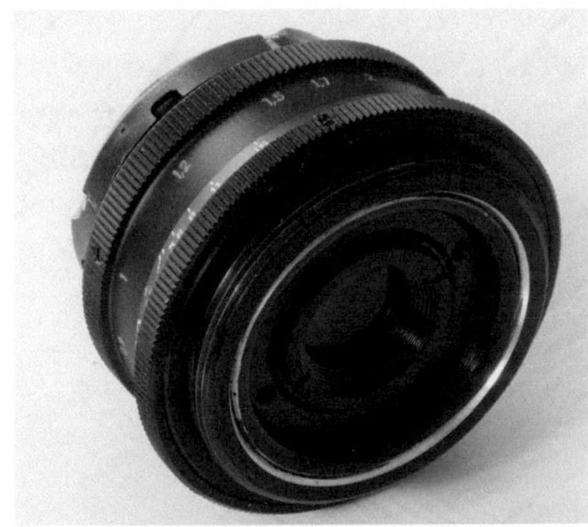

En af de allerældste fastgøringer af udskiftelige objektiver er af skruetypen, det vil sige et gevind, der passer i et tilsvarende på kamerahuset.

Det viste er et af de mest udbredte, M42.

Isætning af film

Nu skal du så have åbnet kameraet og sat film i det.

Der er mange forskellige låsemekanismer, så for at få åbnet bagsiden af kameraet og have sat film i skal du have fundet ud af, hvordan dit kamera åbnes.

En del kameraer åbnes med en lille mekanisme på venstre side af kameraet, det gælder f.eks. Canons EOS og Nikons F-kameraer.

Andre åbnes med en lille pal på undersiden af kamerahuset, det gælder f.eks. Yashica Minister.

Nogle få åbnes på højre side af huset, det gælder bl.a. Agfa Optima Sensor.

Åbningen af bagsiden på en Agfa Optima Sensor betjenes med en lille pal på højre side af kamerahuset. Andre kameraer har en lignende pal, nogle på venstre side og enkelt på underside af kameraet.

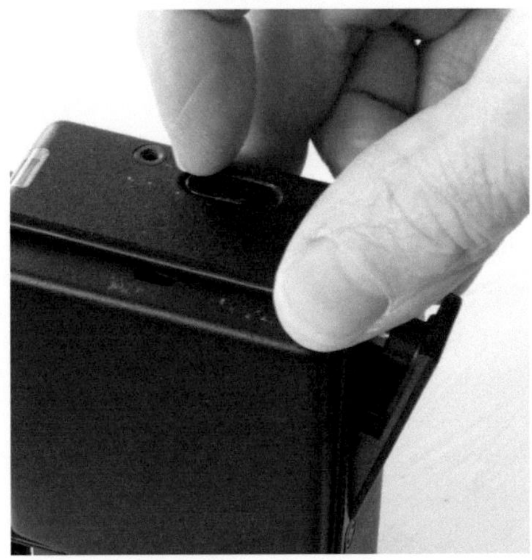

Langt den overvejende del af de analoge kameraer åbnes dog ved, at du trækker op i tilbagespolingspalen til venstre på kameraet. Det gælder f.eks. næsten alle ældre Canon FD kameraer, Nikons manuelle kameraer incl. de første i F-serien, Minoltas X-serie, Pentax M-serien, Olympus OM-serien samt rigtig mange andre kameraer.

Så trækker du lidt film ud af kasetten, lige nok til at den nå over til spolen på den modsatte side af kameraet, hvor den så skal sættes fast i spolen, så filmen kan blive ført frem uden at slippe spolen. Der er typisk en smal slids, som filmen skal føres igennem. Sommetider er der en lille tap, som skal gribe fat i filmens perforation.

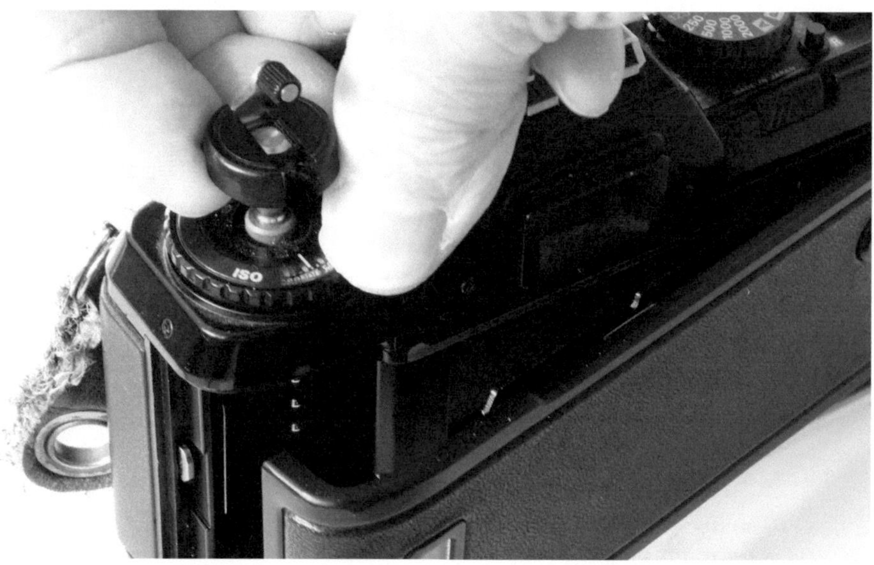

Når du så har fået åbnet kameraet, skal du have sat filmen korrekt i. Her er der igen flere måder afhængigt af kameratype og eventuel motordrevet filmfremføring.

Lad os tage de manuelle først. Filmen skal normalt sættes i fordybningen til venstre på det åbne kamera, men f.eks. det føromtalte Agfa Optima Sensor skal have filmspolen lagt i den højre side.

Når du tænker filmen sidder rigtigt spoler du et enkelt billede frem mens kameraet er åbent. Du tænker måske, du spilder ikke et billede, men filmen er tilpasset denne fremspoling. Det er vigtigt for at sikre sig, at filmen bliver spolet korrekt frem og ikke slipper opsamlingsspolen. Når du ser det hele sidder korrekt kan du lukke bagsiden af kameraet, husk at sikre dig at det lukker forsvarligt, hvilket typisk indi-

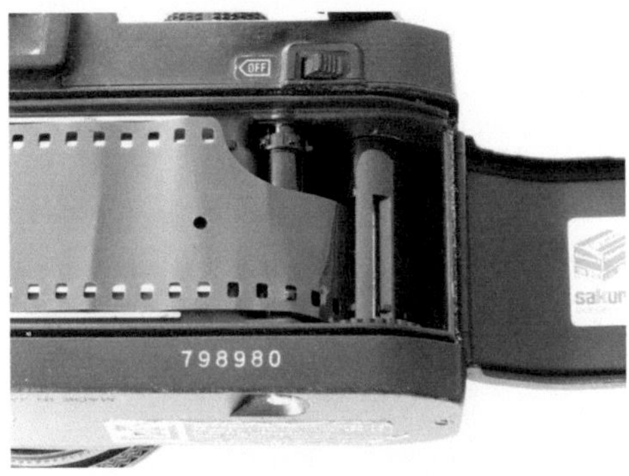

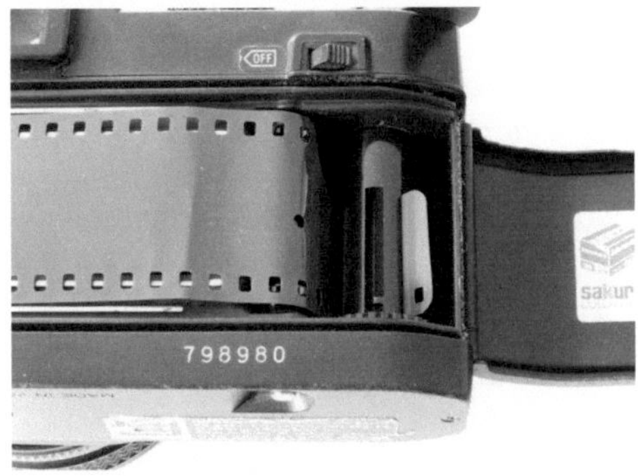

keres af et tydeligt klik. Så er filmen klar til at tage billeder.

Har du et mere moderne kamera med motoriseret filmtransport er mindst lige så vigtigt, at filmen ligger korrekt. Nogle Canon EOS modeller er f.eks. følsomme overfor, hvis du har trukket for meget film frem, så kan de ikke få ordentlig fat. På denne type kameraer er der normalt en lille indikator f.eks. et lille rødt mærke eller en pil, som indikerer hvor enden af filmen skal ligge, når du lukker kameraet. Når du lukker bagsiden vil nogle kameraer med det samme spole filmen frem til første billede, mens andre først spoler frem når du tænder det, eller når du trykker udløserknappen.

Kameraer med motoriseret fremføring af filmen har ofte meget nem isætning af film.

Du skal dog stadig være præcis med, hvordan du lægger filmen, da kameraet kan være følsomt for at du lægger filspidsen lige til markeringen, som du i billedet kan se lige ved min tommelfinger.

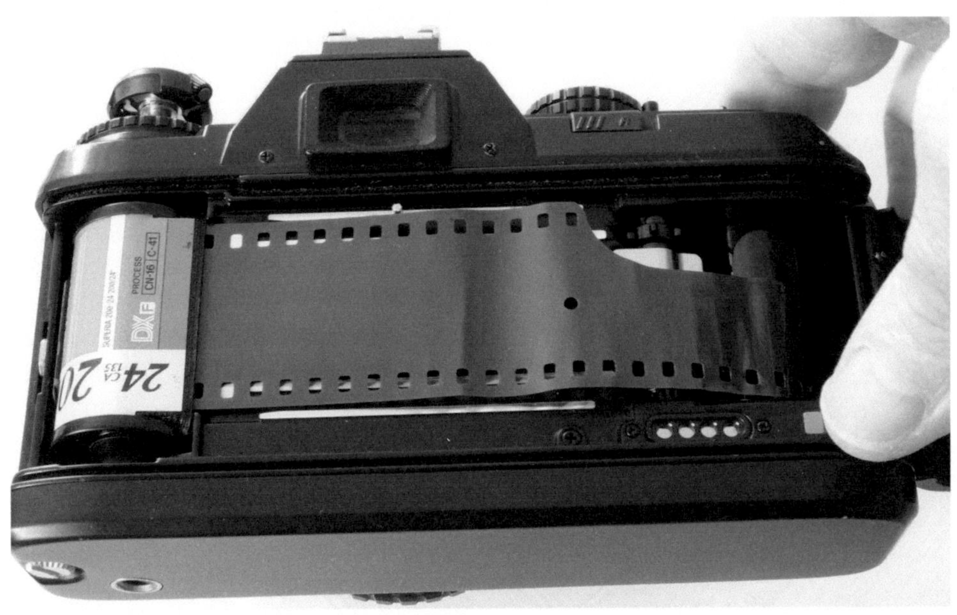

Skal du sætte filmfølsomheden?

Har du et 100% manuelt kamera uden nogen for for lysmåler, så kan du springe dette afsnit over, da du ikke skal sætte filmfølsomeden på dit kamera. Det kan være, du i stedet bruger en løs belysningsmåler eller bruger din mobiltelefon som belysningsmåler. Her kan jeg desværre ikke hjælpe med at få sat værdierne, da der findes et væld af forskellige måder at gøre det på.

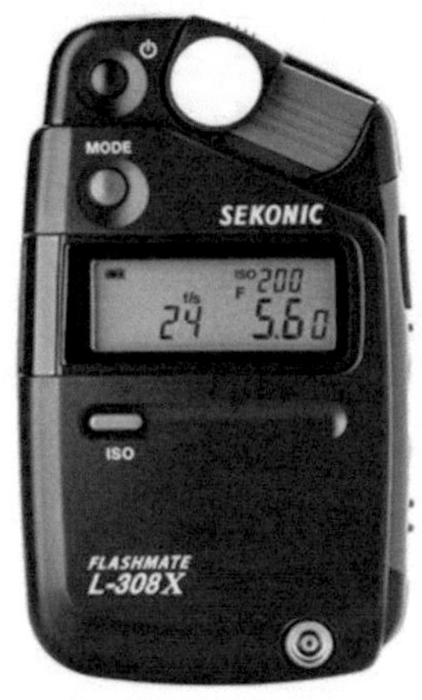

For en seriøs fotograf er en lysmåler en ubetinget nødvendighed, da den gør det muligt at måle besværlige lysforhold, så du ikke udelukkende forlader dig på kameraets lysmåling.

Har du et helt manuelt kamera uden lysmåler, er den løse lysmåler også en absolut nødvendighed.

Nyere analoge kameraer med elektronik læser som regel selv filmfølsomheden fra 35mm kasetten. Det sker via nogle elektroniske kontakter i filmmagasinet. Bruger du meget gammel, udløbet film eller er du kommet til selv at spole film fra store ruller til 35mm kadetter, så findes der sandsynligvis ingen DX kodning på kasetten (og i værste fald forkert kodning!). Så skal du læse videre om, hvordan du selv sætter ISO værdien.

Igen er der desværre et hav af måder, hvorpå ISO kan blive indstillet. Men nu tager vi de mest almindelige fra nogle af de tidligere beskrevne kameraer.

Nedenfor til venstre ser du i filmkammeret de kontakter, der læser DX kodningen/ISO værdien for den film, du isætter.

Nedenfor til højre ser du et eksemple på DX kodningen på filmkasetten. Det er de skinnende felter på kasetten, der overfører filmens følsomhed.

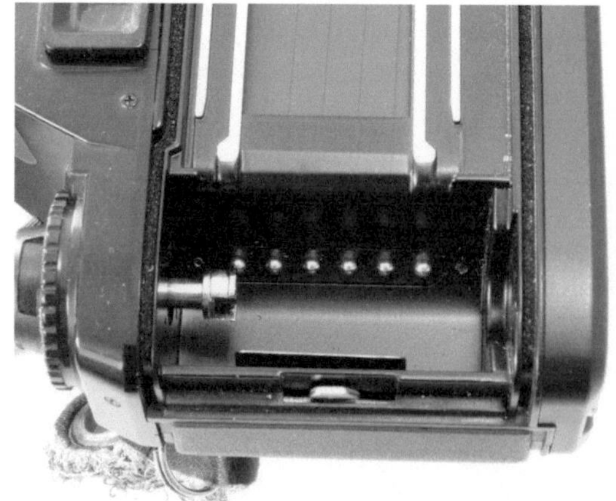

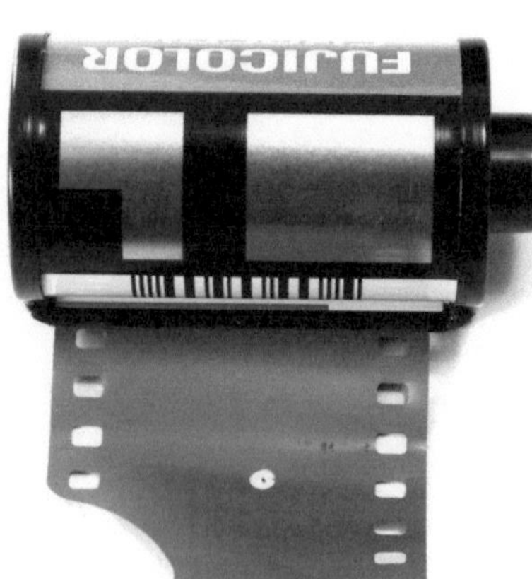

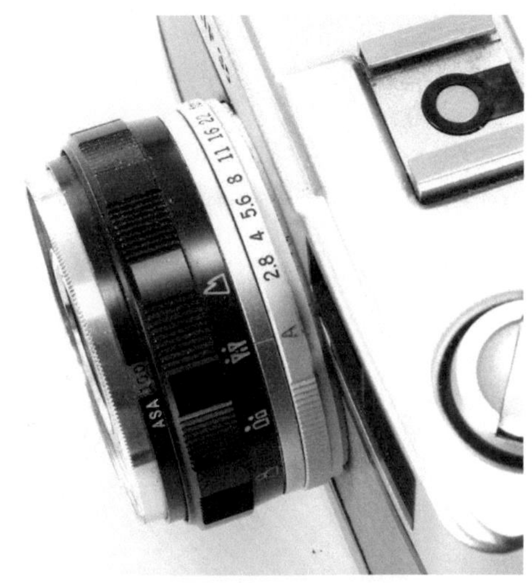

Olympus Trip 35 med sin ISO indstilling på den yderste ring på objektivet - her benævnt med den ældre betegnelse ASA.

På de ældre kameraer sådan som Olympus'et går indstillingerne kun fra 25-400, men nyere kameraer ofte rækker helt til ISO 3200.

Olympus Trip 35 er et godt eksempel på, hvordan filmfølsomheden sættes på tidlige kameraer med selenlysmåler rundt omkring objektivet. På dette kamera er der en ring omkring selve objektivet, som du drejer for at indstille følsomheden. En del lignende kameraer har denne ring siddende lige inde omkring det yderste linseelement, det gælder f.eks. Ricoh 500 serien og en del Minolta målesøgerkameraer.

Mange ældre spejlrefleks kameraer såsom Pentax MX, Konica Autoreflex TC og Canon F-1har en ring indeni vælgeren til lukkertid, som sidder til højre for spejlhuset. Du skal her løfte lukkertidsringen, hvorefter du kan dreje ringen. Den tid, som er synlig i udskæringen i ringen er ISO værdien.

Andre ældre spejlrefleks har en ISO ring siddende i den modsatte side af kamerahuset under tilbagespolingspalen. Det gælder f.eks. Minolta X serien, Pentax ME serien og Canon A-1.

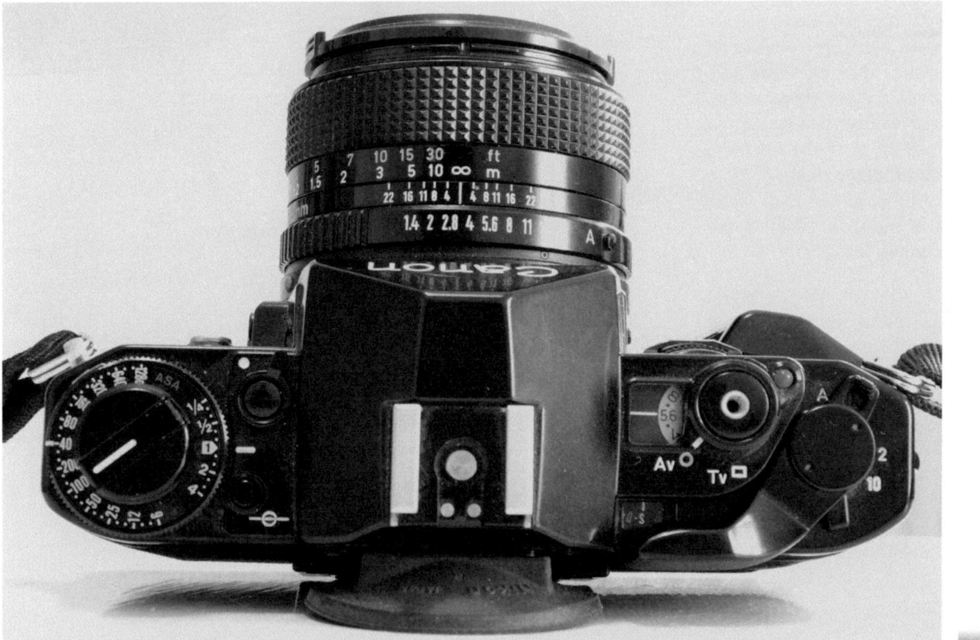

Hvis ikke du har et kamera med en af de ovenfor nævnte måder at stille ISO, så må du lede efter et sted, hvor du kan vælge nogle værdier som f.eks. 25, 50, 100, 200, 400, 800. På en del kameraer er der yderligere to værdier ind imellem de førnævnte f.eks. mellem 100 og 200 kan der være 125 og 160. Der findes faktisk film, der har værdier som ligger ind imellem de førstnævnte som er de "hele" værdier, hvor hvert trin modsvarer en fordobling af lysstyrken. Både filmproducenterne Ilford og Kodak har produceret ISO 80 film, som er 1/3 under 100 i følsomhed. Men har du ikke mellemværdierne, så sætter du bare til det tal, der er nærmest. Film er ret robust overfor specielt en smule overbelysning om end ikke så glad for at blive underbelyst.

Men det var en sidebemærkning om filmfølsomhed. Forhåbentlig har du nu fundet ud af at stille filmfølsomheden, så en eventuel automatik i kameraet kan gøre sit arbejde.

Klatring i Wilde Kaiser i den nordlige del af Alperne.

Den kraftige kontrast i det stærke lys i bjergene er tit en udfordring for digitale kameraer. Sort hvid film har et ret stort spillerum, så det er muligt at få detaljer med i såvel højlys som i mere mørke dele af billedet.

For mig er også måden som naturens elementer såsom sten og skyer gengives på en vigtig del af det analoge billede. Det er med til at skabe en mere naturlig gengivelse i modsætning til den mere kliniske repræsentation i det digitale fotografi.

Og specielt når jeg kigger på mine ældre billeder som dette fra 1984, så undstreges det historiske element i billedet. af det analoge udtryk. Derfor tænker jeg, at når der er gået yderlige nogle år, så vil værdien af de analoge billeder, jeg tager lige nu, tiltage for mig.

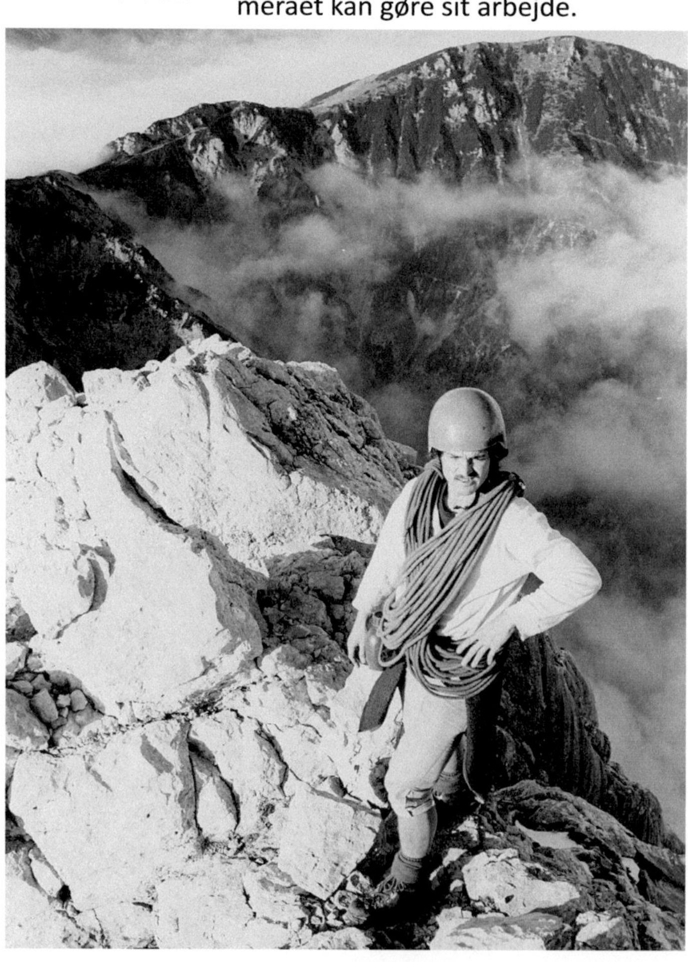

Basal teknik

Hvordan får du korrekt belyste billeder?

Eksponeringstrekanten

Der er tre ting, som tilsammen bestemmer om billedet bliver korrekt belyst. Vi fotografer kalder det "the exposure triangle" eller på dansk eksponeringstrekanten. Ændrer du på en af tingene har det indflydelse på de andre. De tre ting er:

1. Filmens følsomhed, som vi allerede har talt lidt om
2. Kameraets lukkertid. Jo længere tid lukkeren står åben, des mere lys kommer der ind.
3. Objektivets blænde. Jo mere åben den er, jo mere lys kommer der ind.

Men et er, at du får en korrekt belysning af billedet, men alle tre værdier har også andre effekter, som er vigtige at forstå for at kunne blive mere kreativ med sit fotografi.

Filmfølsomheden kunne som nævnt have indflydelse på både kornstrukturen i billedet samt på kontrasten, altså forskellen mellem lyst og mørkt.

Lukkertid

Kameraet lukkertid, som på typiske kameraer ligger mellem 1 sekund og 1/1000 sekund har ud over mængden af lys, der kommer ind, også indvirkning på skarpheden i billedet. Hvis du fotograferer noget, der bevæger sig hurtigt, så vil du ikke kunne fryse bevægelsen, med mindre du bruger en kort lukkertid.

Noget helt andet er, at uanset hvor rolig du er på hånden, så vil meget lang lukkertid kunne føre til at billedet

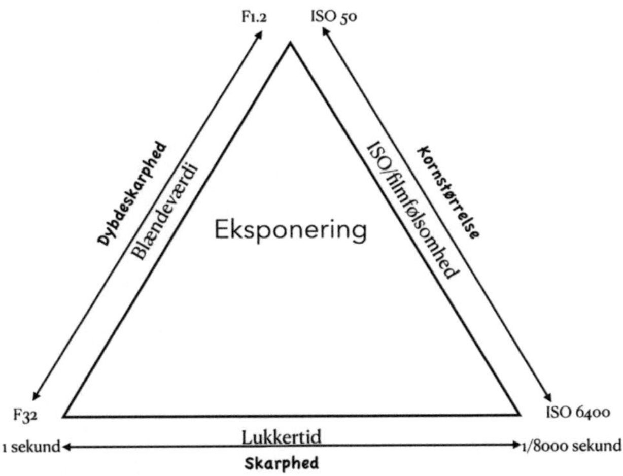

Eksponeringstrekantens princip er, at du skal kunne placere din eksponering et sted i trekanten ud fra målte værdier.

Derefter skal du kunne se, hvordan de andre værdier ændrer sig, hvis du ændrer på en af de tre parametre: ISO, blændeværdi og lukkertid.

I praksis bruges den ikke til andet end at illustrere, hvordan de tre parametre hænger sammen.

bliver rystet og dermed også uskarpt. Hvilken lukkertid du med stor sandsynlighed kan holde kameraet roligt på, afhænger, ud over hvor rolig hånd du har, også af objektivets brændvidde. Er det et teleobjektiv, der fungerer som en kraftig kikkert, kan det kræve en meget kort lukkertid.

Tommelfingerreglen er, at du kan få et skarpt billede, hvis du bruger en lukkertid på 1/objektivets brændvidde i mm eller endnu kortere lukkertid. F.eks. hvis du har et objektiv på 200mm, så skal lukkertiden være kortere end 1/200 sekund, hvis du derimod arbejder med en vidvinkel på 24mm er det kun nødvendigt at lukkertiden er kortere end ca. 1/25 sekund.

Brændvidde

Noget helt andet er, at hvis du bruger spejlrefleks af nyere dato, har nogle af de nyere objektiver stabilisering - ofte kaldet OIS af Canon (optical image stabilisation) eller VC af Nikon (vibration compensation). Dette gør, at du kan undgå rystede billeder ved langt længere lukkertider end ellers muligt. Jeg har været i stand til at få skarpe billeder på min 600mm tele ved 1/125 sekund. Det er tre værdier (kaldet 3 stop i tabellen) langsommere (1/1000 > 1/500 > 1/250 > 1/125 sekund) end det burde være muligt håndholdt. Jeg vil dog anbefale, hvis du vil bruge den slags kraftige teleobjektiver, at du anskaffer et stativ.

Du kan også udnytte bevægelse og en deraf følgende uskarphed til kreative formål, hvis du f.eks. følger en cykel, der passerer forbi dig og bruger en relativt lang lukkertid, bliver cyklisten i bedste fald næsten perfekt skarp mens baggrunden flyder ud og tydeligt signalerer bevægelse. Der kan eksperimenteres meget med lukkertid for at skabe kreative billeder.

Mange siger, at for at et billede skal være perfekt, så skal det være skarpt. Jeg er dog af en helt anden holdning, og en del af de billeder i mit eget virke, som jeg er mest stolt af, er faktisk bevidst uskarpe enten som følge af bevægelse, eller fordi jeg simpelt hen har valgt ikke at stille afstanden rigtigt. Kreativt brugt kan uskarphed skabe kunst i modsætning til et per-

Brændvidde	Lukkertid	Lukkertid (rolig hånd)	Objektiv med OIS på 3 stop
28 mm	<1/30 sekund	1/15 sekund	1/4 sekund
50 mm	<1/60 sekund	1/30 sekund	1/8 sekund
85 mm	<1/125 sekund	1/60 sekund	1/15 sekund
200 mm	<1/250 sekund	1/125 sekund	1/30 sekund
300 mm	<1/500 sekund	1/250 sekund	1/60 sekund
500 mm	<1/500 sekund	1/500 sekund	1/60 sekund

fekt skarpt billede af samme motiv, som måske mere kan betegnes som dokumentation. Tænk f.eks. på billedet taget med mit Sprocket Rocket eksperimental (legetøjs?) kamera af kajakroerne.

Blænde

Nu kommer vi til det, der ofte forvirrer begynderfotografen. Hvorfor er en lille blændeværdi lig med en stor blænde og en høj værdi lig med en lille blændeåbning?

Når vi taler om objektivets F-stop er der faktisk tale om en udregnet værdi, som er en brøk:

Objektivets brændvidde i millimeter / blændens størrelse i millimeter

Da brændvidden hedder Focal length på engelsk kaldes denne brøk for F-stop. Men lad os tage nogle eksempler, så bliver det lidt lettere.

Et 50mm objektiv, hvis største blændeåbning er 25mm, vil have en F-værdi på 50/25 = 2. Det betyder jo ikke, at det kun har denne blænde, for blænden kan lukkes ned, og hvis f.eks. det mindste lys lukkes ind, når blændeåbningen kun er 3mm, så bliver blændeværdien 50/3 = ca. 16. Vi arbejder med en blændeskala som for objektivet i eksemplet ville se således ud:

2 – 2,8 – 4 – 5,6 – 8 – 11 – 16

Her skal du bemærke, at hvert spring er en halvering af den mængde lys, som slipper igennem.

Men lad os tage et eksempel med et teleobjektiv. En kraftig tele på 300mm ville for at have en F-værdi på 2 skulle have en blændeåbning på 150mm. Det ville blive et helt uhåndterligt stort objektiv at slæbe rundt på, for slet ikke at tale om at det ville blive umanerligt dyrt med så meget højkvalitetsglas, der skulle være fuldkommen rigtigt slebet og placeret. Derfor findes så lysstærke objektiver slet ikke. For 300mm objektivet ville den mest åbne blænde f.eks. kunne være 75mm stor, hvilket ville give 300/75 eller en blændeværdi på 4.

Objektivets blænde gør dog andet end være med til at bestemme mængden af lys, der rammer filmen, men det kommer vi til i næste afsnit.

Sammenhængen mellem blændetrin og lukkertidstrin

Nu har du måske allerede set, at der er en sammenhæng mellem blændeværdierne og lukkertiderne. Hver lukkertid, når vi tale om hele værdier, er en halvering af lysmængden, når vi bevæger os fra f.eks. 1/50 til 1/100. Lukkeren står jo åben halvt så lang tid. Når så et blændetrin også svarer til enten en halvering eller en fordobling - afhængigt af hvilken vej vi bevæger os i skalaen, så må man kunne sige at en bestemt kombination kan give den samme belysning som en anden kombination. Lad os igen tage et eksempel.

Lad os sige, at vores lysmåler fortæller os, at korrekt belysninger vil være

1/100 sek og blænde 8. Så kan vi ved at bevæge os et trin på hver af skalaerne sørge for, at det samme lys vil nå filmen. Alle kombinationerne i tabellen vil derfor give samme belysning.

1/2000, 1/4000, 1/8000 osv. For øvrigt er det næsten kun professionelle kameraer, der har lukkertider på 1/8000 sekund. Nogle få kameraer i den billigere ende kan levere 1/4000

Lukkertid	1/25 sek.	1/50 sek.	1/125	1/250	1/500	1/1000
Blænde	16	11	8	5.6	4	2.8

Bemærk at skalaen springer fra 1/50 til 1/125 for at få "pæne" værdier, når vi går højer, 1/250, 1/500, 1/1000,

sekund, men de fleste ældre kameraer topper ud allerede ved 1/500 eller 1/1000 sekund.

Sunny-16 reglen

Der findes en forunderligt enkel regel, som kan bruges til at bedømme indstillingen af dit kamera i de fleste situationer. Reglen kaldes "Sunny-16 reglen," og hvorfor lige det, tænker du måske. Men det giver mening, når jeg forklarer den.

Tager du dit kamera ud på en klar solskinsdag, sætter det på blænde 16, så vælger du en lukkertid på 1 over ISO værdien på din film. Eksempel: Du har på denne solfulde dag valgt en ISO 100 film, sætter kameraet på blænde 16 og vælger så 1/100 sekund. Det kan du så ikke, da lukkertiden, der kommer tættest hedder 1/125, men det er også helt fint.

Så vil du måske føle dig låst, men hvis du tænker over det, vi lige har behandlet sammenhængen mellem lukkertid og blænde, og så er det jo let at finde en bedre kombination for det, du gerne vil tage billeder af.

Eksempel: Lad os sige, du gerne vil tage et portræt og have en uskarp baggrund. Så vil du gerne bruge en lav blændeværdi (vi kommer til det med dybdeskarphed i næste afsnit, så tro lige for nu bare på det, jeg skriver). Du vælger så blænde 4, og udregningen siger så, at du skal bruge 1/2000 sekund, for at det samme lys skal nå filmen. Hvis dit kamera har den lukkertid, så er det fint, har den ikke må du finde den kombination, der bedst giver det, du ønsker. Alternativt må du rykke til et sted, hvor solen ikke er så skarp f.eks. i skyggen af et træ.

Men du skyder jo ikke altid i solskin, men også det er der råd for med følgende udgangspunkter for belysningen - se tabellen overfor.

Nu har du været gennem det meste af det basale teknik, og du vil kunne starte på dit fotografi. De næste afsnit er kun til for at hjælpe dig med at blive yderligere kreativ. Du kan læse dem senere, hvis du bare gerne vil i gang nu.

I skygge og ved solnedgang	Blænde 4
Stærkt overskyet (der ses ingen skygger)	Blænde 5.6
Overskyet (der ses næsten ingen skygger)	Blænde 8
Let skyet (bløde skygger uden skarp afgrænsning ses)	Blænde 11
Sol fra skyfri himmel (skygger med skarp afgrænsning)	Blænde 16
Sandstrand og sne i fuld sol	Blænde 22

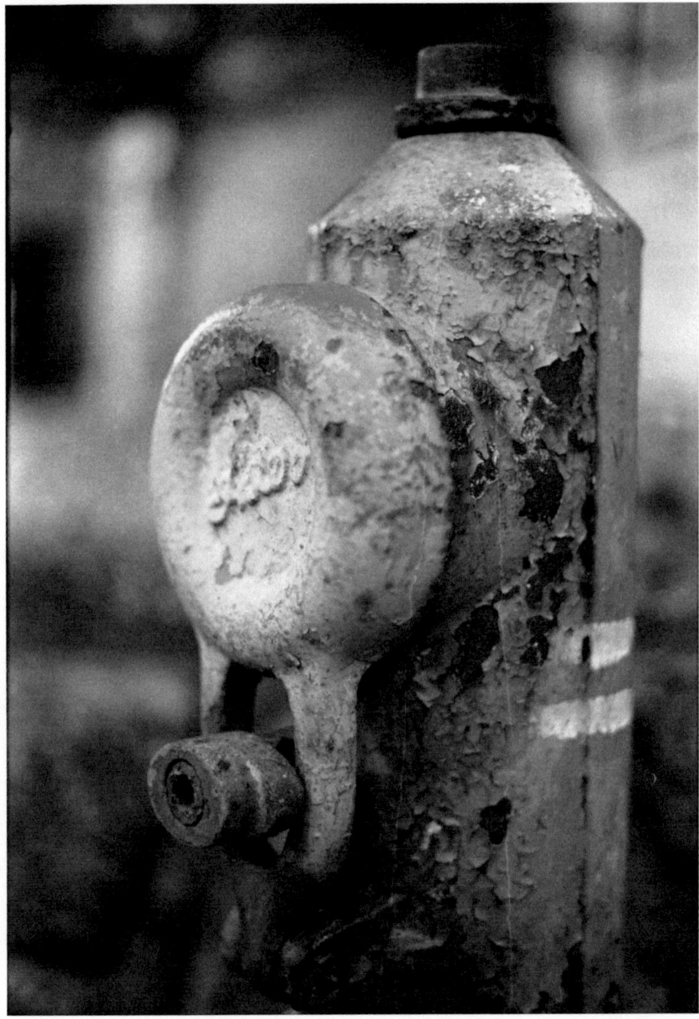

Billede af en gammel, rusten brandhane.

Mange detaljer er synlige, men det lækre film look giver sin helt særlige stemning i billedet. Jeg tror ikke, billedet ville være lige så udtryksfuldt, hvis det var fotograferet til perfektion med et super moderne digital kamera med høj opløsning.

Olympus OM40 med 50mm f1.8 objektiv på blænde 2.8.

Mere avancerede teknikker

Tag kontrol over din dybdeskarphed

Dybdeskarpheden i dit billede er en af de helt afgørende faktorer for, hvordan billedet kommer til at virke på beskueren.

Lad os tage to eksempler, som jeg vil uddybe, når vi kommer til at snakke om de forskellige optagesituationer. Men vi tager den korte udgave her.

I den første situation er du ude i naturen og vil gerne have at det meste af såvel forgrunden som baggrunden er skarp. I dette tilfælde skal du vælge en meget høj blændeværdi f.eks. blænde 11 (ofte omtalt som f11) eller højere, hvilket sikrer større dybdeskarphed. Hvis du har et kamera med en dybdeskarphedskontrolknap (engelsk Depth of Field forkortet DOF), så trykker du denne ind, og konstaterer at billedet i søgeren bliver mørkere, men at en større del af dit motiv bliver skarpt. Men det kan være svært at se, hvis søgeren ved de meget høje blændeværdier (engelsk f stop) bliver meget mørk. Så lidt forenklet kan man sig at høj blændeværdi = stor dybdeskarphed, men afstanden til motivet spiller også ind, og objektivets brændvidde har ligeledes stor betydning for dybdeskarpheden.

Den anden situation er, at du vil fotografere et mindre objekt måske en mindre genstand eller et portræt, men vil gerne have at objektet/personen isoleres tydeligt fra baggrunden og måske også ting i forgrunden. En måde at gøre det på er ved at sikre at dybdeskarpheden er så lille, at kun dit motiv er skarpt mens resten af billedet er mindre skarpt (englænderne bruget begrebet blur om denne uskarphed).

Det er et felt, hvor der er stor diskussion, da nogle objektiver er blevet hypet (og ofte med god grund) for deres evne til at skabe en smuk uskarp zone udenom det superskarpe motiv. Internettet er nærmest gået helt amok over nogle objektivers evne i denne sammenhæng, og fotografer der går op i dette felt kan nærmest købe sig fattige i optik for at forfølge dette. Men der findes faktisk ret billige objektiver bl.a. de russiske Helios objektiver, som kan skabe den mest utroligt smukke baggrunds blur. Du kan se eksempler på dette på min hjemmeside www.k2-photography.dk under test af gamle (vintage) objektiver. Billederne er optaget på digitalkameraer, men det ændrer ikke på objektivets evner i denne sammenhæng, og det er den samme effekt, du kan opnå med et filmbaseret kamera.

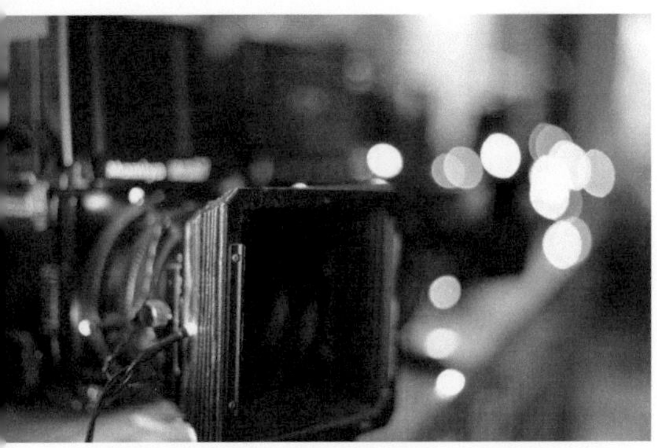

Billedserien af en af mine udstillingshylder med kameraer belyst af led lys i juletiden skal vise dig, hvordan dybdeskarpheden tiltager med brug af stigende blændeværdier. Billedserien er optaget med brug af et Canon 50mm objektiv, der har blændeværdier fra 1,8 til 22.

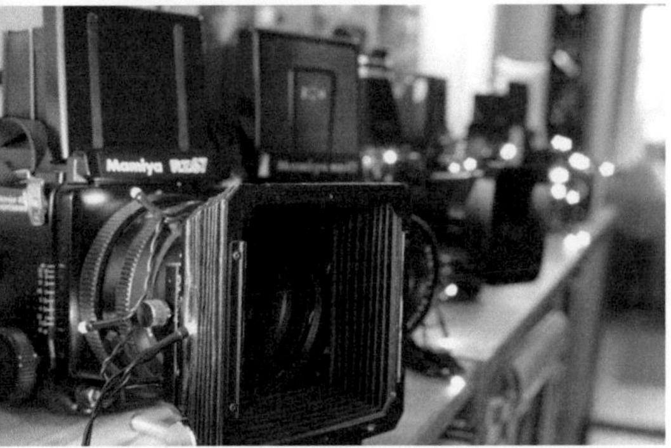

Øverste billede er optaget på blænde 1,8, hvor kun den tætteste del af bælgen i forgrunden er skarp. Du kan dårligt se, hvilket kamera der er fotograferet. Næste billede er taget på blænde 8, og du kan nu genkende kameraet i forgrunden, mens sidste billede på f22 er skarpt næsten til baggrunden.

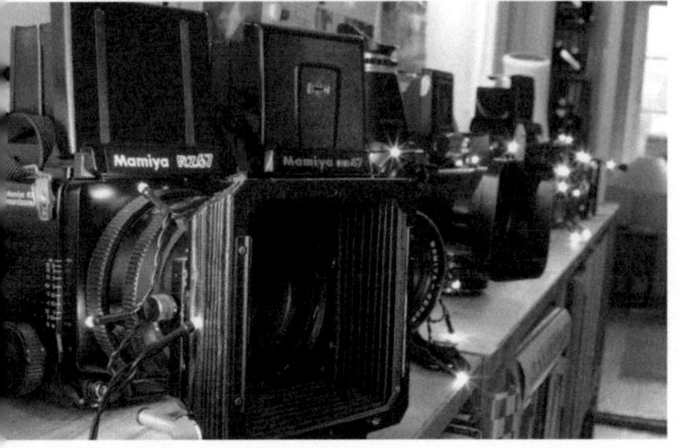

Ud over det i billedteksten nævnte, kan du lære en anden ting af billedeksemplerne: Når du blænder meget ned, jeg brugte f22 i eksemplet med kameraerne og led-lysene, så bliver lysende objekter gengivet med en stjerneeffekt rundt om sig. Du kan udnytte med f.eks. solen som motiv eller i aftenbilleder med gadelamper.

Faktisk er der yderligere et par ting at bemærke ved billederne, i dette tilfælde det taget på f1.8: Den ene er, at de uskarpe lys i baggrunden gengives cirkulære tæt på center af billedet, mens de bliver mere og mere elipsoide som vi nærmer os billedkanten. Den anden ting, du skal bemærke, er at de uskarpe lys gengives relativt ensartet lyst på den benyttede Canon 50mm optik, men sådan er det ikke altid. Nogle objektiver giver en løg-lignende struktur til de uskarpe lys, således at de gengives som flere ringe af lys udenpå hinanden. Nogen kan lide dette udseende, men generelt regnes optikken for bedre, hvis den kan gengive lyset uden denne løgringslignende struktur.

Generelt er jeg ikke ked af optiske fejl eller særlige egenskaber i objektiver, for det kan være med til at skabe kreative billeder. Så vær ikke ked af, hvis dit objektiv gengiver lyset som løgringe i en opstilling som i billedeksemplet. Lær i stedet at udnytte det. Jeg kunne pege på mange optiske "fejl" som netop kan udnyttes kreativt, jeg har allerede nævnt Holga kameraerne og deres aldeles uperfekte objektiver og de russiske Helios objektiver med deres besynderlige baggrundssløring, som fotografer verden over er vildt begejstrede over. Men det er alle sammen optiske mangler, som bare skaber unikke billeder.

Billeder kan lære dig meget, og der er faktisk en tredje ting, som du skal bemærke i det mellemste billede, selv om det faktisk også kan ses i billedet taget på f22 bare ikke så tydeligt. Du kan se blændens form som en lysende pentagon (5 kant). Også den karakteristik er en ting, der er vidt delte meninger om. Nogen synes det er et vildt distraherende element i billedet, andre synes det er cool. Jeg er lidt midt imellem, da jeg synes det i et meget roligt billede kan være meget forstyrrende, mens det i et mere kreativt billede, der måske i forvejen sprudler af farver og former kan tilføje et ekstra, kunstnerisk element.

Objektiver og billedvinkler

Jeg har allerede fortalt dig om objektiver og deres brændvidder, men ikke rigtig forklaret, hvad betydning det har for dig og kompositionen af dine billeder.

Et objektiv, der afbilder tæt på sådan som vi ser med vore egne øjne, kalder vi et "normalobjektiv." Normalobjektivet defineret som lig med diagonalen i billedformatet, som for 35mm film er 43,3 mm, men til daglig betegner vi alt mellem 40 og 55 mm som normalobjektiver.

Nu til tele- og vidvinkelobjektiver. Du kender kikkerter og deres virkning, både når du kikker den "rigtige" vej igennem, men måske kender du også den forunderlige virkning, når du kikker den modsatte vej igennem. Brugt normalt har kikkerten en forstørrende virkning og synes at trække fjerne objekter tættere på. Det svarer til teleobjektivets virkning. Men kigger du den anden vej gennem kikkerten synes omgivelserne pludselig længere væk, svarende til den effekt vidvinkelobjektivet giver.

Hvordan kan vi så sige noget om virkningen af en bestemt brændvidde. Hvis du har brugt en rimelig kraftig kikkert med 8 ganges forstørrelse, så vil det svare til et objektiv på 8x50 mm altså 8 gange normalbrændvidden og dermed 400 mm. Det vil vi regne for et meget kraftigt teleobjektiv. De fleste teleobjektiver i normal fotografisk brug ligger i området fra omkring 70 mm og op til 200 mm dvs. med en forstørrelse på mellem 1½ og 4 gange.

Omvendt forholder det sig vidvinkelobjektivet. På dit kamera synes objekter fjernere og dermed får vi en formindskelse. Med helt ekstreme vidvinkler, fish eye objektiver, synes selv objekter ret tæt på at være langt væk.

Billedserien er taget med flere vidvinkelindstillinger over normalobjektik til flere forskellige teleindstillinger.

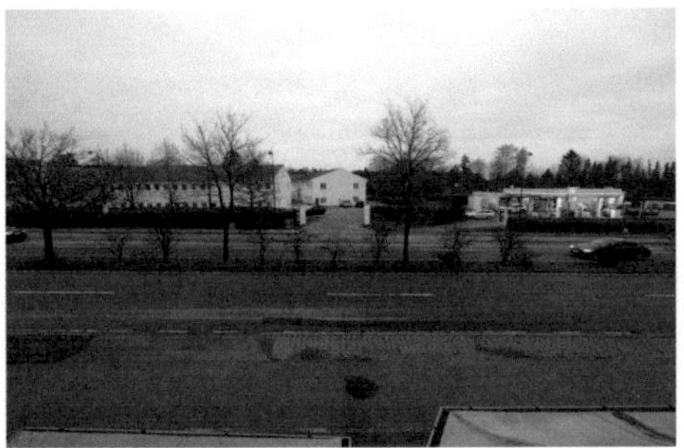
Vidvinkelobjektiv (zoom) på 17mm

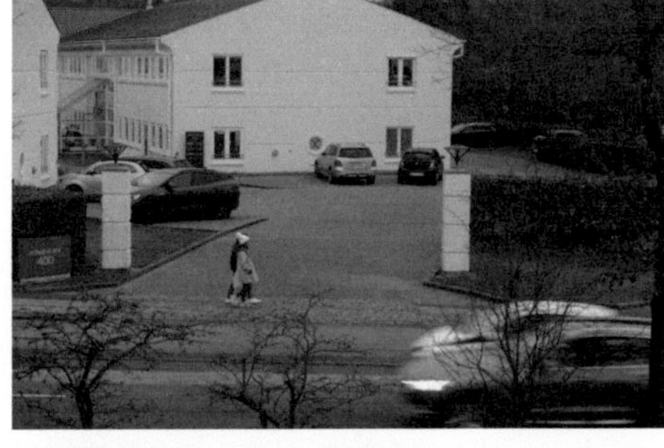
Teleobjektiv (zoom) på 85mm

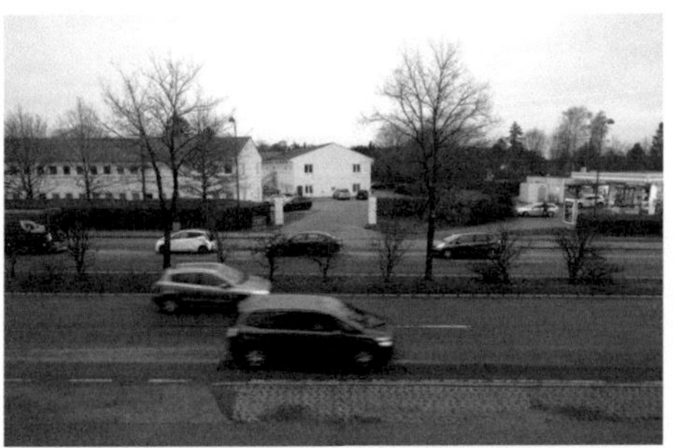
Vidvinkelobjektiv (zoom) på 24mm

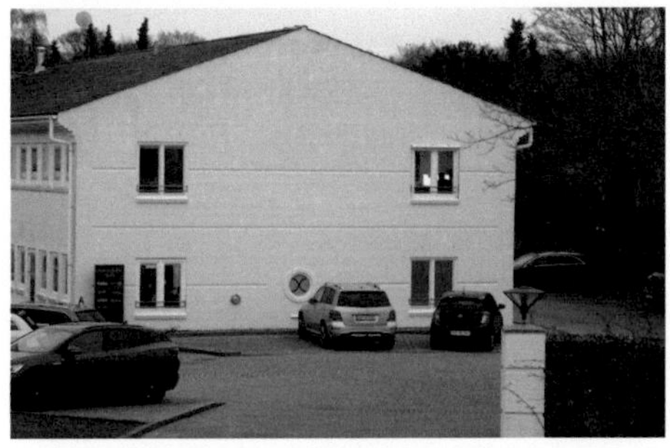
Teleobjektiv (zoom) på 135mm

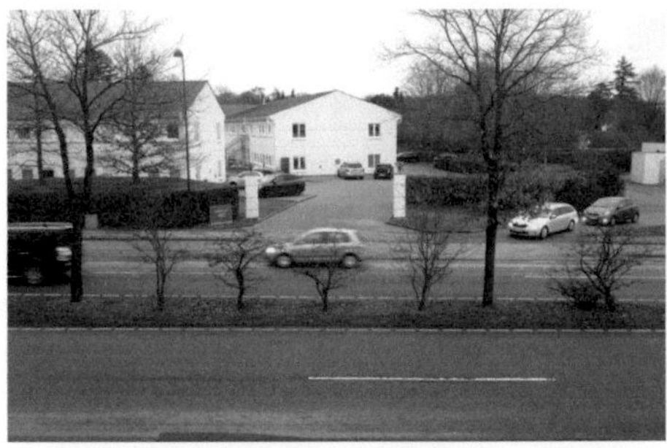
Vidvinkelobjektiv (zoom) på 35mm

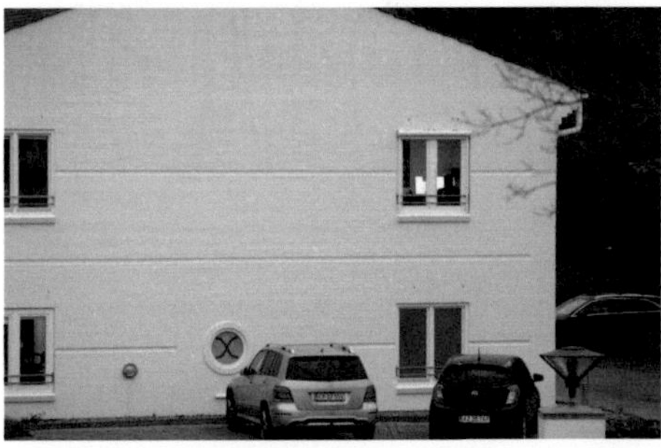
Teleobjektiv (zoom) på 200mm

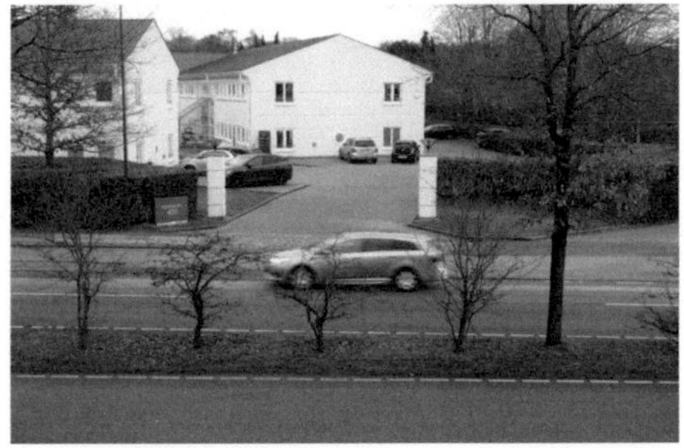
Normalobjektiv på 50mm

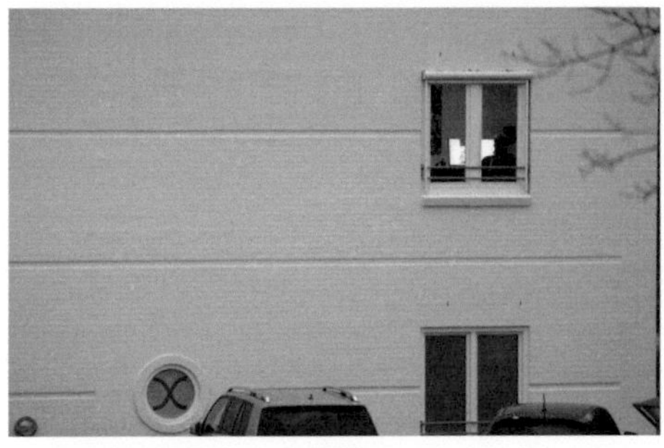
Teleobjektiv (zoom) på 300mm

Hvordan har objektivets brændvidde så indflydelse på din billedvinkel? Tabellen nedenfor viser den horisontale billedvinkel ved brug af forskellige objektiver, og det samme er illustreret i illustrationen ved siden af.

Det siges sommetider, at objektiver ændrer dit perspektiv, men det er sådan set ikke rigtigt. Det der ændrer perspektivet er, hvis du flytter dig ved skift af objektiv, for at få dit hovedmotiv til at fylde det samme i billedet som før objektivskiftet. Så vil omgivelserne også ændre sig i størrelse i forhold til dit motiv.

Lad os tage et eksempel. Du vil fotografere en person men vil gerne have miljøet omkring personen med. Derfor skifter du fra normalobjektivet til et vidvinkelobjektiv og rykker tættere på personen, for at denne kan fylde mere i billedet. Samtidig sker der det, at du får mere af omgivelserne med, men de enkelte dele i omgivelserne bliver mindre fremtrædende. Her sker der et skift at perspektiv.

Billedserien viser skiftet i perspektiv, når du flytter dig for at beholde motivets størrelse - her en buddha figur i mit gæsteværelse.

Brændvidde i mm	Horisontal vinkel
14	102.7°
16	95.1°
20	82.4°
24	73.7°
35	54.4°
50	39.6°
70	28.8°
85	23.9°
105	19.5°
200	10.3°
300	6.87°
400	5.15°
500	4.12°

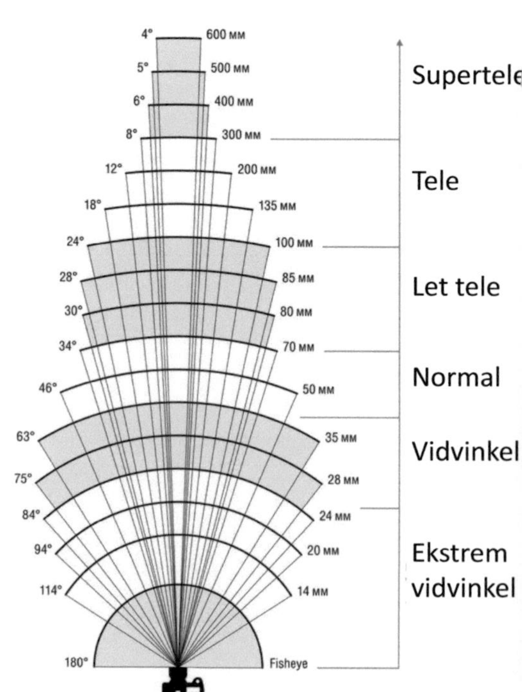

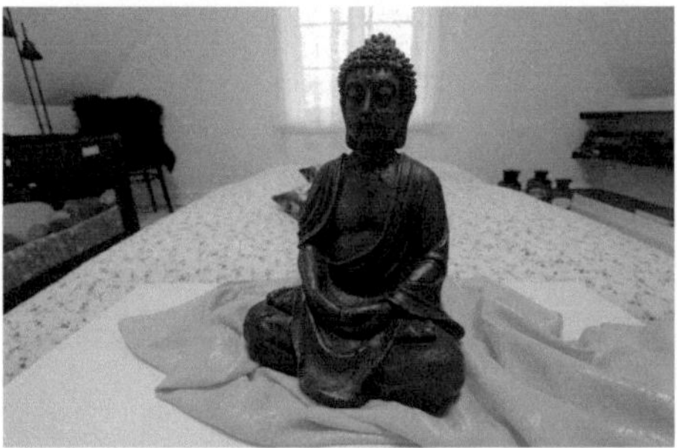

Vidvinkelobjektiv (zoom) på 17mm

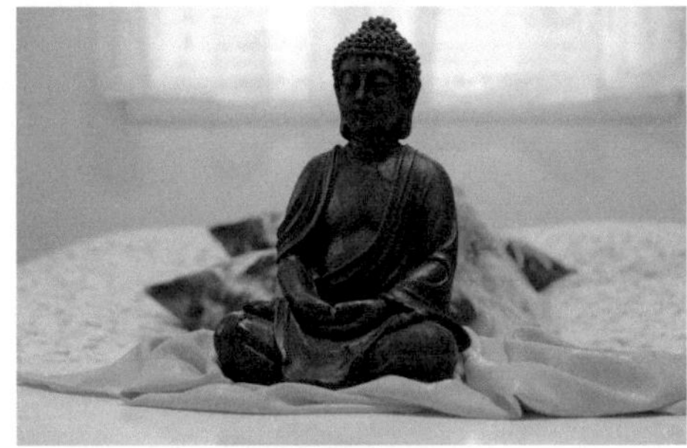

Teleobjektiv (zoom) på 85mm

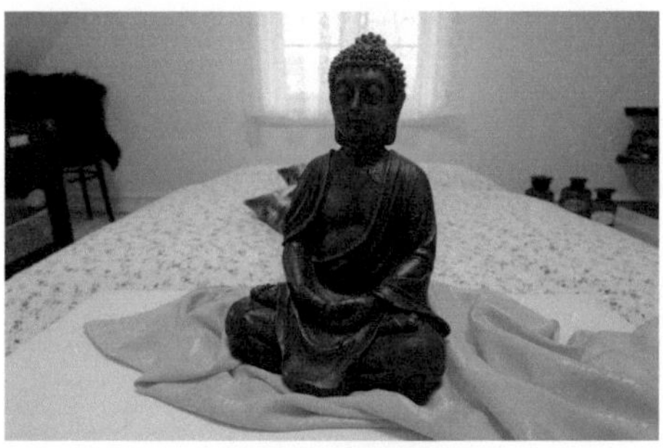

Vidvinkelobjektiv (zoom) på 24mm

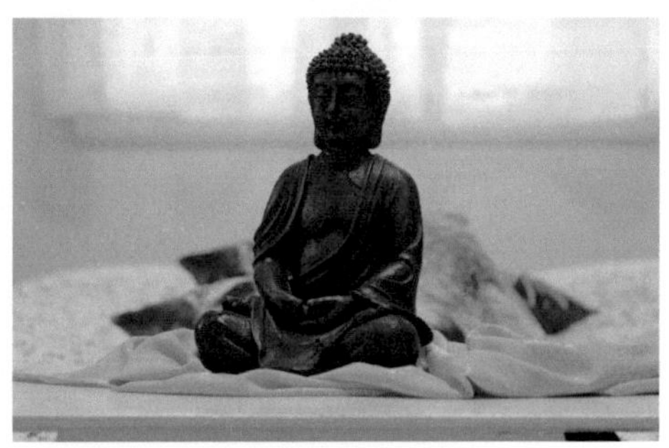

Teleobjektiv (zoom) på 135mm

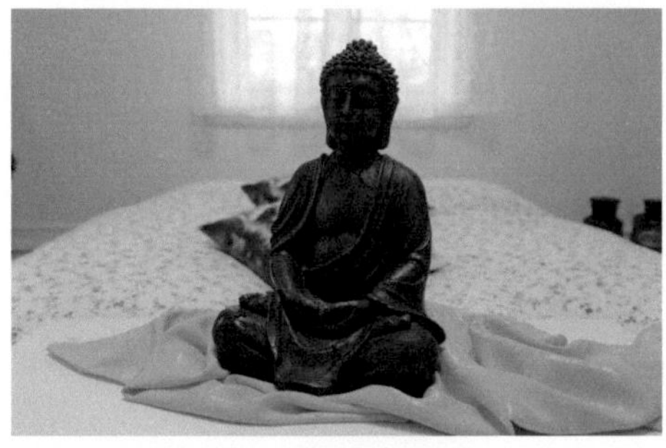

Vidvinkelobjektiv (zoom) på 35mm

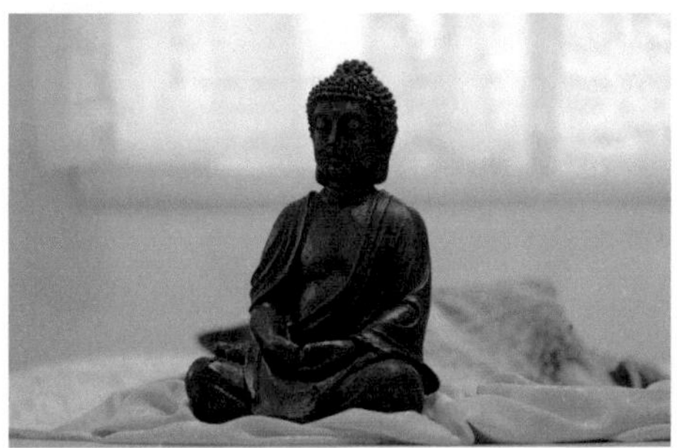

Teleobjektiv (zoom) på 200mm

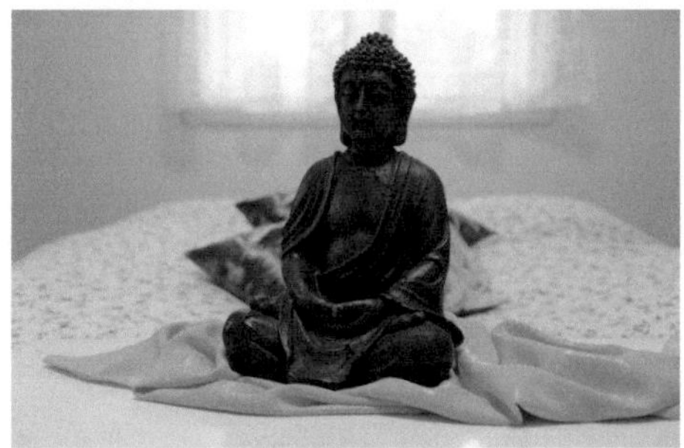

Normalobjektiv på 50mm

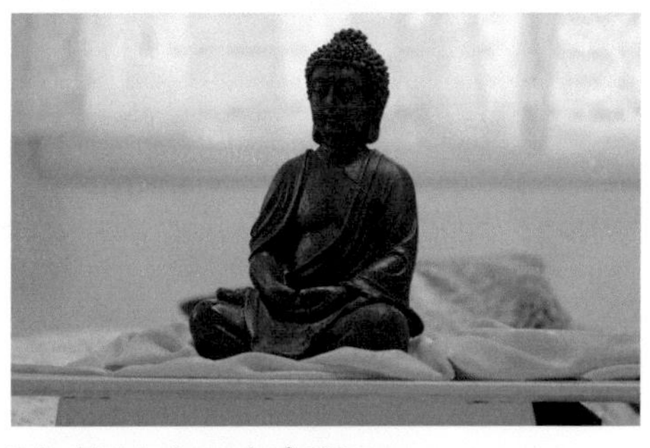

Teleobjektiv (zoom) på 300mm

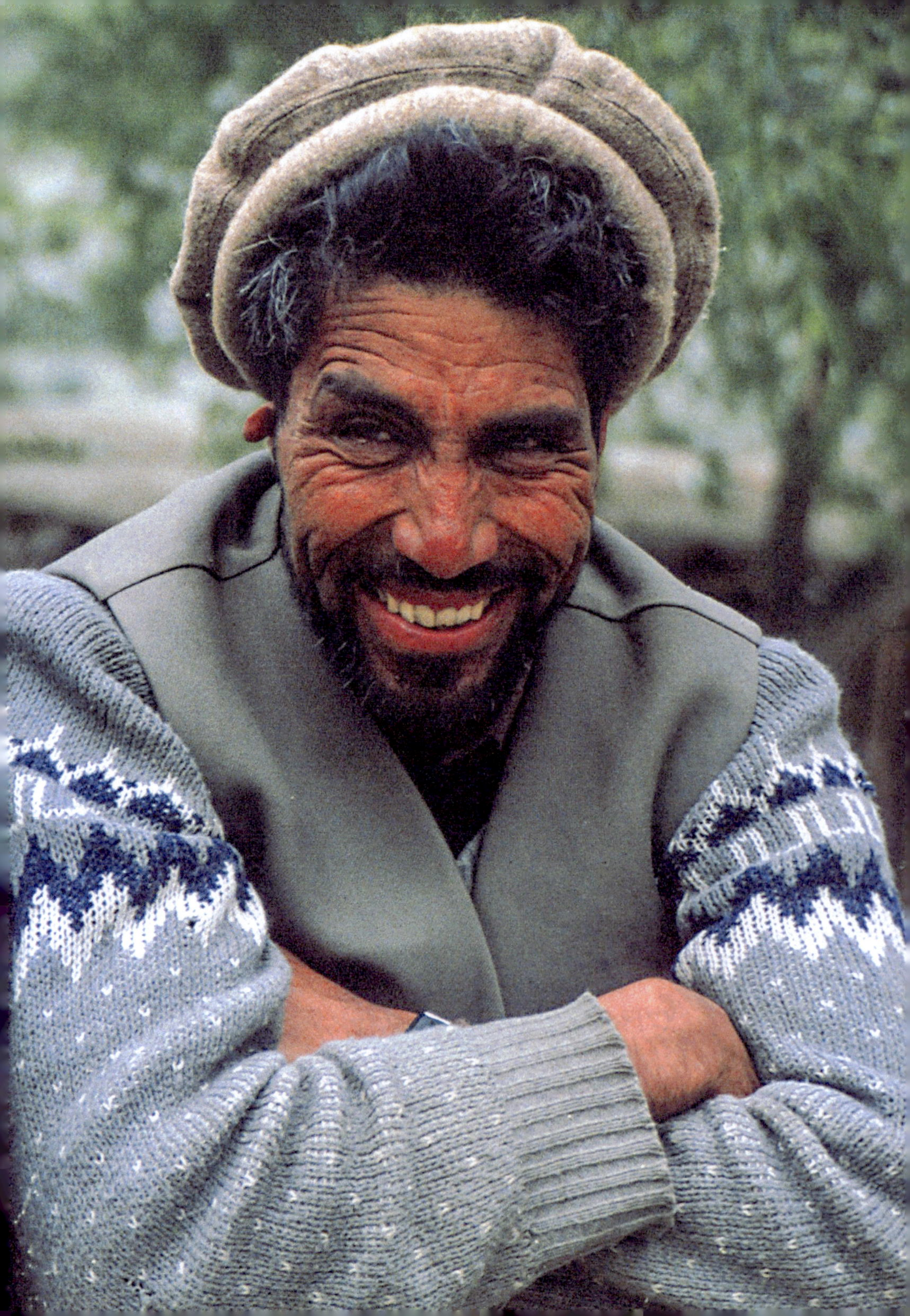

Portræt

Nu har vi allerede set lidt på begrebet dybdeskarphed, som er ret vigtigt at forstå, når man vil skabe gode portrætfotos, men i denne forbindelse kommer der lidt ekstra overvejelser ind.

Billedet overfor er et portræt af en af vore meget stærke og udtryksfulde bærere på vejen ind mod bjergene i det nordøstlige Pakistan.

Det er en stolt mand af Baltistammen, som lever i det problemfyldte grænseområde mellem Pakistan og Indien. Han havde en vældig udstråling trods eller måske netop på grund af den hårde levevis i området. Enten knokler man med landbrug, der drives som for 100 år siden i Danmark, ellers arbejder man for nogle af de mange vesterlændinge, der besøger området. Men også det er hårdt arbejde, hvor de dag efter dag bærer en tung last ind ad stenede stier eller over isglat gletscher.

Billedet er taget med mit første semiprofessionelle SLR, et Nikon F90x, på en Konica farvepositiv film - diapositiv billeder. Faktisk er denne type film slet ikke egnet til det stærke lys i bjergene, da diapositiv film har et meget lille lysområde de kan gengive uden at enten brænde ud i højlysene eller blive helt sorte i skyggerne. Men går man ind i skyggen under et træ, så er der lidt mindre kontrast, og det kan så lade sig gøre at få velbelyste billeder.

Jeg og de andre på ekspeditionen var dog nødt til at bruge diapositivfilm, da vi vidste, vi skulle holde lysbilledforedrag efter ekspeditionen - ja det var den gang før vi havde storskærmsprojektorer. Så vi måtte få det bedste ud af det materiale, vi havde fået til turen mod toppen af verdens 11. højeste bjerg.

Objektivet var et zoomobjektiv, der rakte fra 35-70 mm. I dag vil det blive betragtet som et ret ringe brændviddeomfang, men tidlige zoomobjektiver (mit var fra 1990) havde mange optiske mangler. Til portrætter havde et 50mm objektiv med god lysstyrke (f1.8 - f1.2) været et bedre valg, men jeg kunne ikke have så meget fotoudstyr med mig.

En yderligere mangel: Jeg havde ingen blitz med mig, og kameraet havde ingen indbygget.

Et godt valg, når du skal tage portrætter er at vælge enten blændeprioritet eller manuel eksponering, da du i disse to modes selv bestemmer, hvilken blænde du vil bruge, og dermed hvor stor skarphedsdybde dit billede skal have.

God lyssætning i billeder er altid vigtigt, men særligt ved portrætfotos er det vigtigt, men det kan ofte skabes ret let. Foregår fotosessionen udendørs, kan det være en god idé at gå ind i skyggen af et træ eller andet. Det skarpe lys direkte i solen giver grimme, skarpe skygger, som ikke er flatterende for din model. Noget andet er, hvis du skyder i sidelys eller delvist skyder med lyset, så vil din model blivet blændet af lyset og vil knibe øjnene sammen. Ydermere giver det ofte rynker om øjnene og i panden at knibe øjnene sammen. Ikke det bedste for smukke resultater.

En lille detalje er at skabe lidt liv i øjnene på modellen. Det kan ske med hjælp af en blitz, som skydes af på meget nedsat kraft, så den ikke direkte lyser modellen op, men bare giver et lille synligt lys i øjet. Hvis der stadig er kraftige skygger fra det naturlige lys, kan blitzen skrues lidt op i styrke for at bløde skyggerne lidt op.

Hvor du lægger fokus er også vigtigt, da et portræt vil virke mærkeligt, hvis den portrætteredes øjne ikke er skarpe. Har dit kamera autofokus skal du derfor holde det aktive fokusområde hen over den portrætteredes ene øje, når du trykker udløserknappen for fokusering. Kigger personen lige ind i kameraet er det ikke så vigtigt, hvilket øje der er allermest skarpt, men generelt er det en god regel at fokusere på det nærmeste øje specielt hvis hovedet er drejet lidt i forhold til kameraet.

Portrætter opfattes af mange som værende begrænset til at omfatte hoved, hals og lidt af det øverste af kroppen, men med fokus på ansigtet. Det er en skrøne. Ganske vist er de fleste portrætter som ovenfor beskrevet, men et portræt kan omfatte hele personens krop. Hvis du tænker på det formentlig mest kendte portræt i verden, portrættet af Mona Lisa på Louvre i Paris, så omfatter det hele overkroppen og viser tydeligt, hvordan hun hviler sine hænder i skødet. Altså langt mere end den helt snævre opfattelse.

På denne side og siden overfor forsøger jeg at vise forskellen mellem et portræt og "miljøportrættet."

Billedet nedenfor af en bonde i bjergene i Ladakh er et typisk portræt, der går relativt tæt på og ikke viser meget af omgivelserne ud over, at det ser ud til at være taget indendøre. Men helt sikre kan vi ikke være. Til gengæld er han kraftigt furet af livet i bjergene, så vi har tydeligt indtryk af en der har brugt sig selv, men det er mere en tolkning ud fra rynkerne.

Overfor ser vi bonden udenfor sin bolig, hvor vi tydeligt ser en del af, hvordan han bor. Men vi kan stadig se hans ansigt, og her ser vi også hans statur og at hans ryg er lidt krum af mange års hårdt slid i marken.

På den måde giver miljøportrættet noget andet, ikke nødvendigvis bedre end det egentlige portræt. I virkeligheden fungerer de begge bedst i kombination med hinanden, så man får hele historien med.

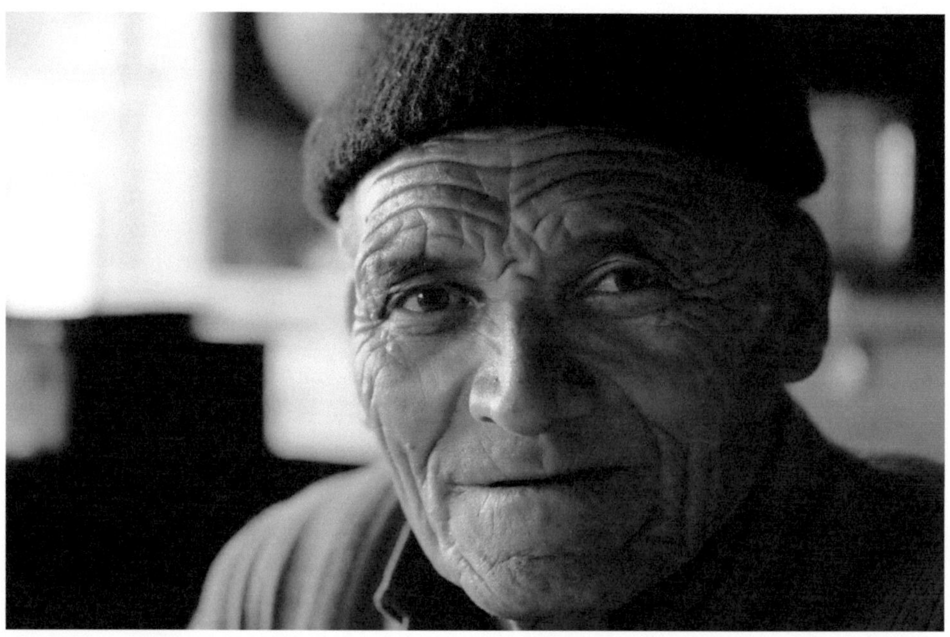

"Environmental" portræt

Hvis man skal være helt firkantet på definitionen på "environmental portrait," så tilhører mange af de portrætter, vi fotograferer nok denne kategori. Hvor et decideret portræt, som vi lige har hørt om, kan opfattes som en gengivelse af personens fysiske fremtræden, så indeholder indeværende kategori lige så meget en gengivelse af det miljø, som personen optræder i - det være sig i den private sfære som i den arbejdsmæssige.

Miljøportrættet, som vel er det nærmeste, vi kan komme en oversættelse, indeholder tydeligt genkendelige elementer af det miljø, som personen er hjemme i.

I det private kunne det være manden, der står i køkkenet og er i gang med madlavningen, hvor køkkenet og redskaberne, som er omhyggeligt valgt, er en del af historien, som billedet fortæller.

I det arbejdsmæssige kunne det være den usædvanlige tømrerkvinde, der står på stilladset med sine arbejdsredskaber, hvor disse elementer tydeligt fremgår af portrættet.

Dermed siger vi også, at miljøet omkring personen optræder tydeligt nok til, at vi kan genkende de elementer, der indgår. Altså helt forskelligt fra det egentlige portræt, hvor vi netop prøver at sløre fremmede elementer

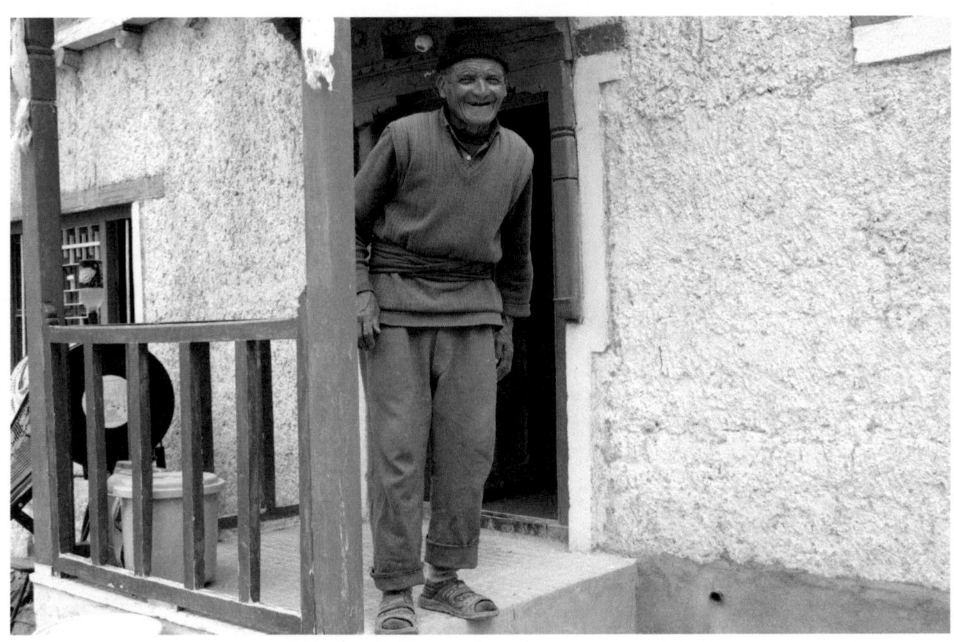

i forhold til personen selv. Det fortæller ydermere, at de indstillinger, som vi bruger i optagelsen, er væsentligt forskellige fra det isolerede portræt. Her bruger vi ikke den mest åbne blænde for at sløre baggrunden, og her bruger vi ikke objektiver, der gengiver alt andet en centrale elementer i billedet delvist uskarpt. Her beskærer vi heller ikke billedet tæt ind på personen, men lader miljøet omkring fylde mere.

Begge typer af portrætter kan være meget fortællende. Det tætte portræt kunne f.eks. vise den ældre persons smukke rynker for at fortælle om et liv med mange oplevelser, måske hårdt arbejde og megen erfaring. Miljøportrættet ville være taget på større afstand af personen, så det ikke ville være rynkerne, der fortalte historien om det barske job, men måske ville være fiskekutteren, som den portrætterede stod på, der fortalte denne del af historien.

På den måde har det traditionelle portræt og miljøportrættet hver sin måde at fortælle historien, og kan derfor også supplere hinanden. I eksemplerne ovenfor ville rynkerne i den ældre persons ansigt være et stærkt udtryk, men vores fantasi kunne forestille sig mange måder, de var erhvervet på. Og det ville selvfølgelig være fint at lande der, men vil du som fotograf gerne fortælle mere, kunne miljøportrættet fortælle den fulde historie om, hvordan rynkerne var erhvervet.

En fransk bjergbestiger foran en gletsjer i Mont Blanc området. Billedet viser i høj grad miljøet omkring personen, selv om fokus er stillet på hende. Kamera: Olympurs Trip 35 på Fomapan 100 film.

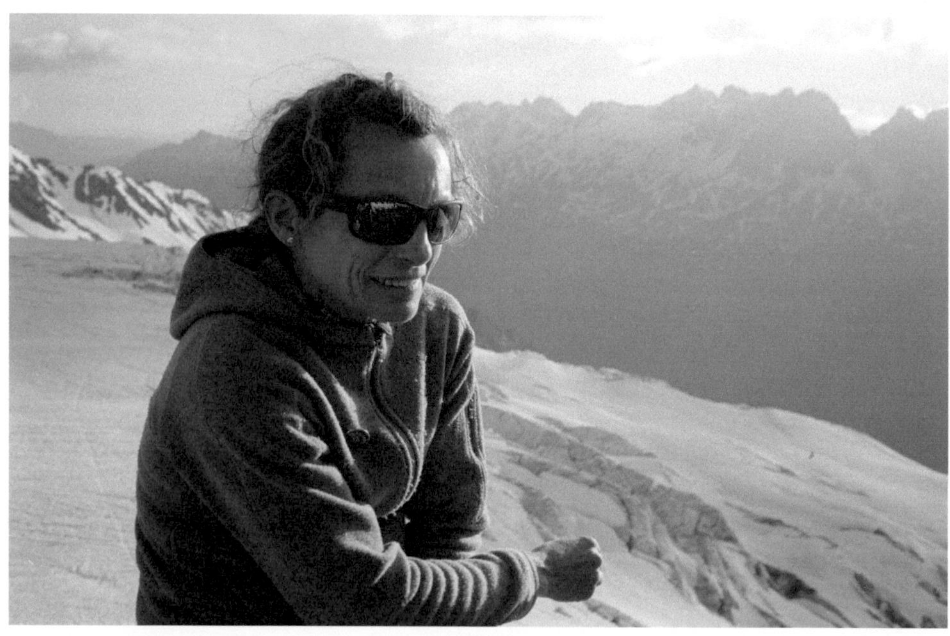

Landskab

Denne kategori af billeder er mildest talt vildt omfattende. Det betyder også, at måden du vil fotografere på må tilpasses både landskabet og den måde, som du vil vise det på. Et landskab er jo ikke bare det hele, men måske netop en bestemt del, som du vil vise på en bestemt måde.

Derfor er både valg af teknik (blændeværdi, objektivbrændvidde, filmfølsomhed osv.), tidspunkt på døgnet og dermed lyset, samt dit standpunkt vigtigt for det endelige resultat.

Ved landskaber er det meget tydeligt, hvor meget lyset betyder for dit resultat. Jeg har taget mange billeder på vej ind gennem smukke bjerglandskaber midt om dagen. Der er ingen af disse billeder, der hører til mine bedste, hvor fantastiske omgivelserne end har været. Det altafgørende her

Relationen mellem mennesker og landskabet siger meget om størrelsesforholdene, som billedet på denne side og de næste sider viser.

Billdeet på denne side er taget med et let vidvinklet objektiv, samme Olympus Trip 35 kamera og Fomapan 100, som billedet på forrige side. Objektivet er et 40mm. Selv om det er tæt på brændvidden for et normalobjektiv skaber det alligevel fokus på personerne i forgrunden.

Det står i stærk kontrast til billedet på næste side, som er skabt med et 100mm objektiv. Objektivet og den øgede afstand til personerne i billedet giver mere power til den imponerende bjergvæg i baggrunden. Her øger de små menneskefigurer indtrykket af bjergenes storhed. Denne effekt kan øges yderligere med endnu kraftigere teleobjektiver.

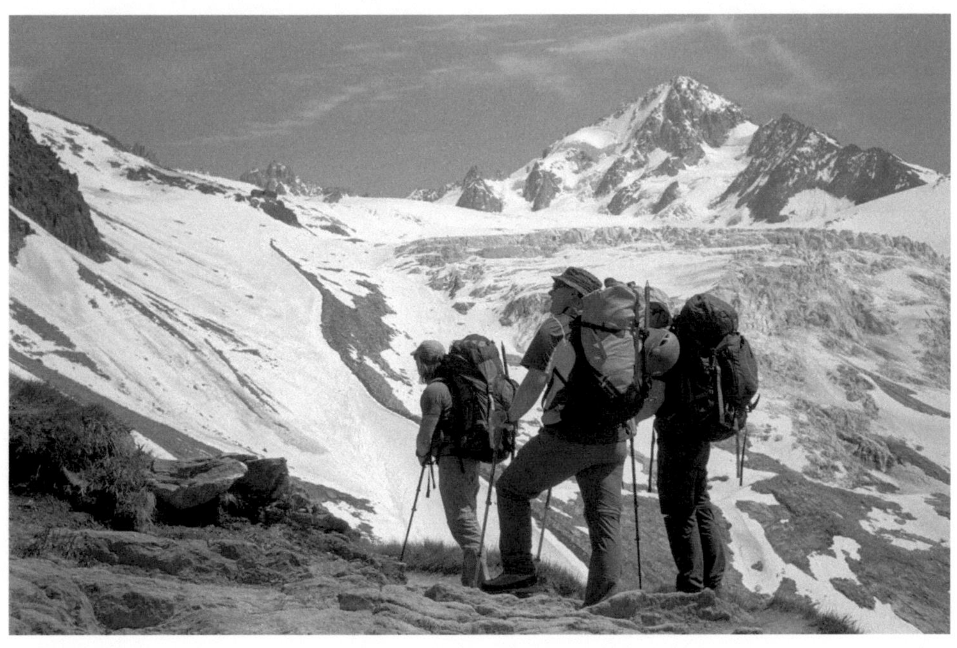

er at vente til lyset falder på en måde, at det skaber mere dybde, mere relief i omgivelserne. Samtidigt er lyset først eller sidst på dagen også med til at skabe noget mere varme i billederne. Dermed ikke sagt, at billeder altid skal ligne solnedgange, for det er slet ikke pointen. Det vigtigste er nok at holde øjnene åbne og måske være forberedt på at komme et bestemt sted flere gange for at fange motivet i det mest optimale lys.

Nogle steder f.eks. på rejser er det måske ikke muligt, og så må du forsøge at få det bedste ud af de forhold, der eksisterer på tidspunktet. Det kan være at en ændring af dit eget standpunkt kan ændre billedet, eller en ændring i den brugte teknik kan skabe et markant mere udtryksfuldt billede.

Billedet overfor viser igen, hvordan det menneskelige element kan bruges til at forstærke indtrykket af naturens storhed. Det viser en af mine tidligere klatremakkere midt i det gigantiske og frygtede isfald på Mount Everest.

Det er optaget på et simpelt point&shoot kamera, et Konica Big Mini, på en diapositiv film, der er konverteret til sort-hvid. Dermed ved du også, at fantastiske billeder ikke skabes af kameraet, men af fotografen og den situation, du befinder dig i.

Opslagene på efterfølgende dobbeltsider er en helt anden karakter af billeder. Det er helt Zen i måden at vise roen i naturen, som her ikke er "forstyrret" af menneskelige elementer. Begge billeder er taget med et Canon A-1 med 35mm optik på hhv. Fomapan 100 film og Kodak Ektar 100 farvenegativfilm.

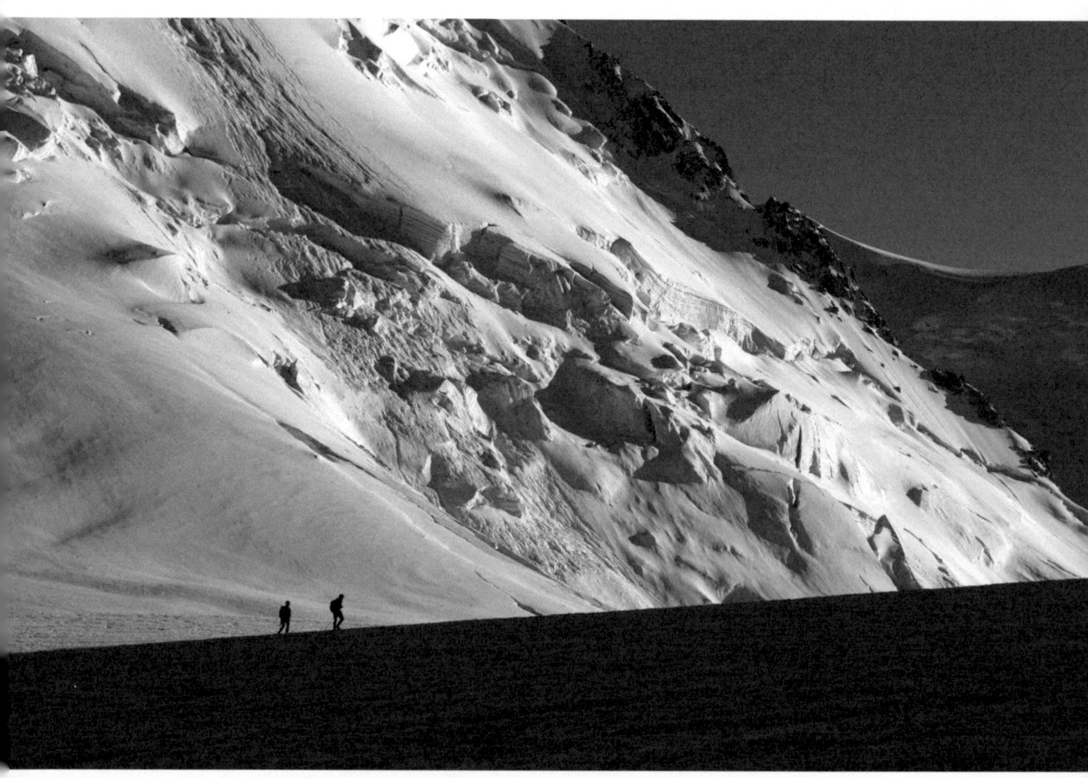

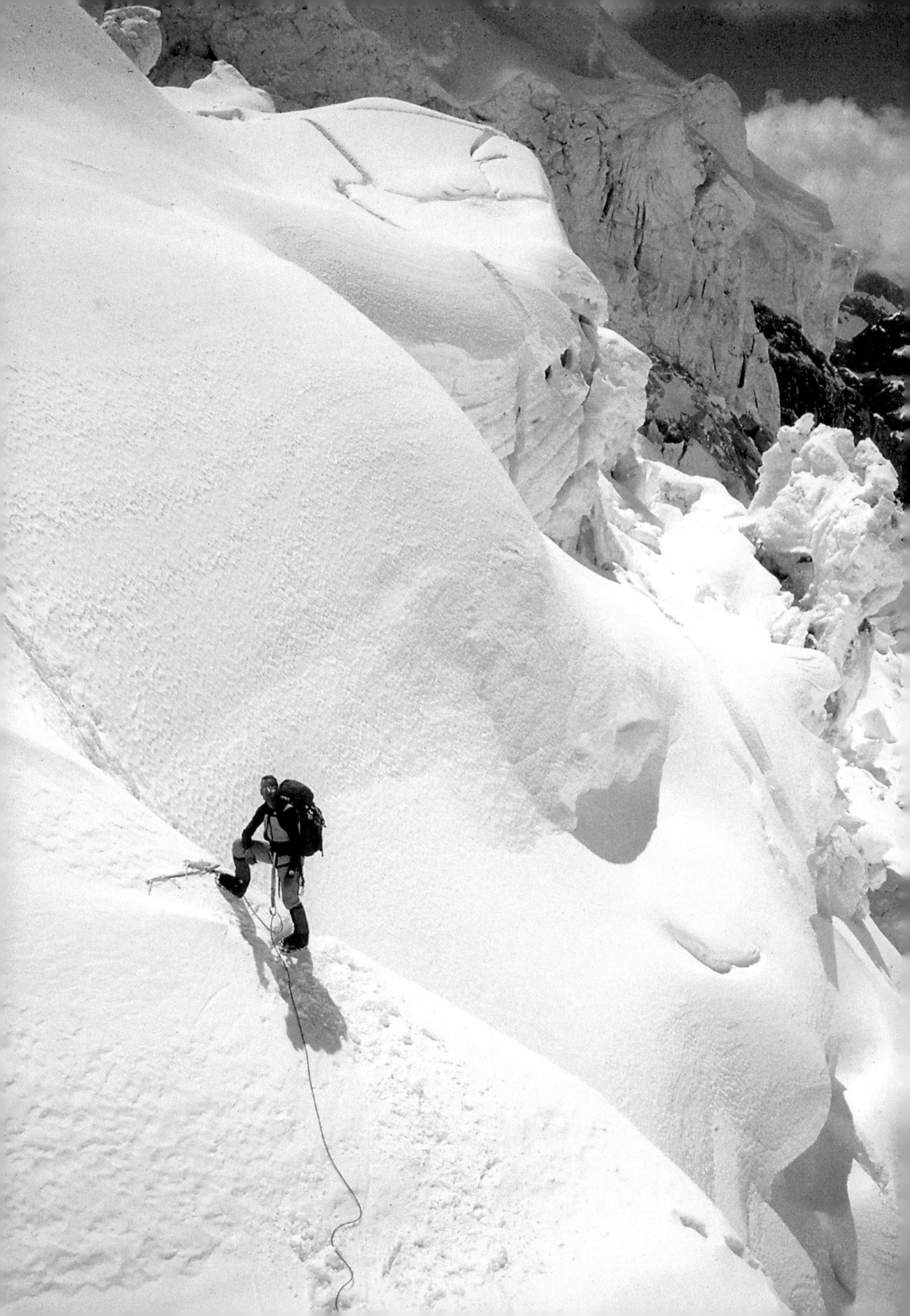

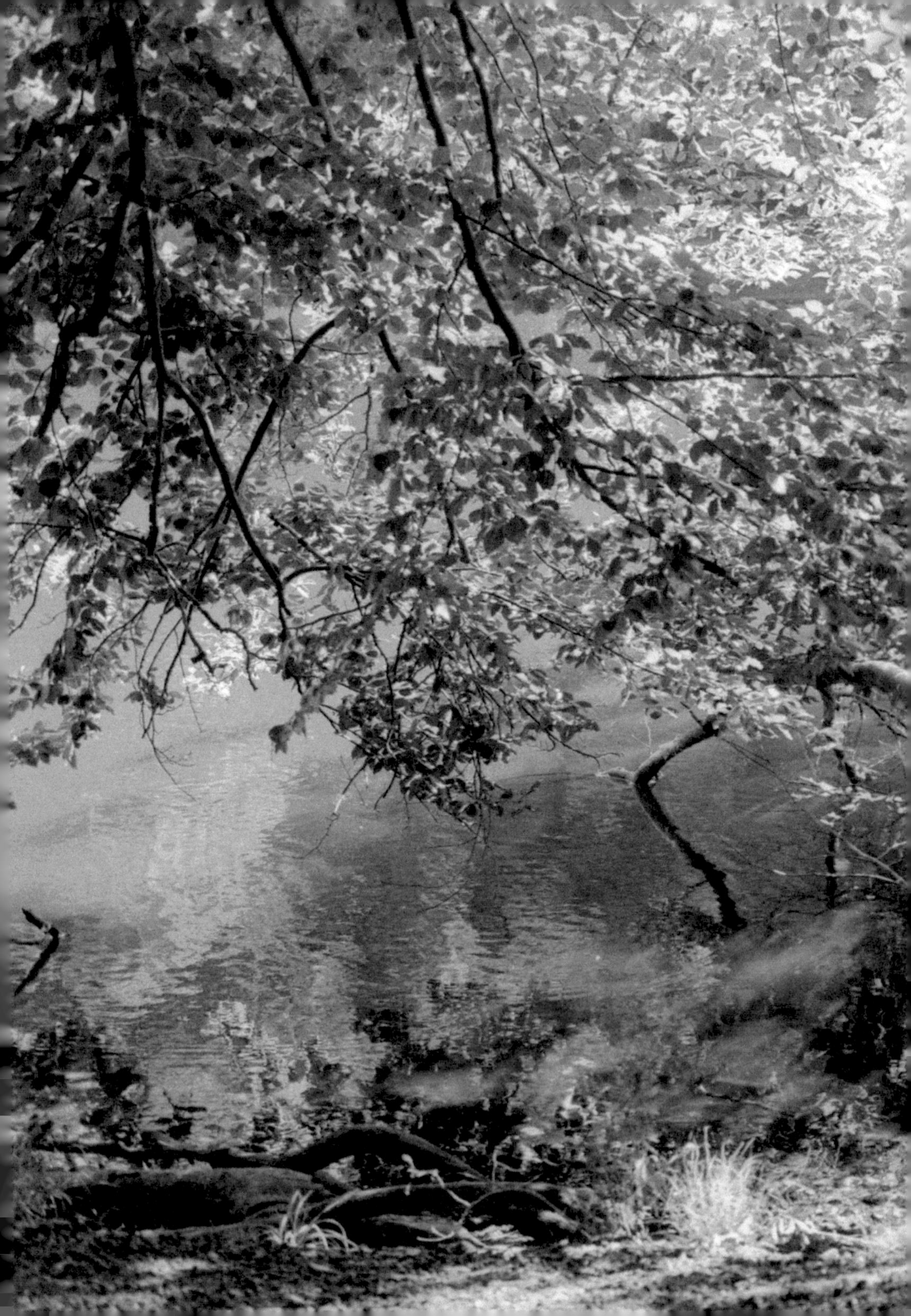

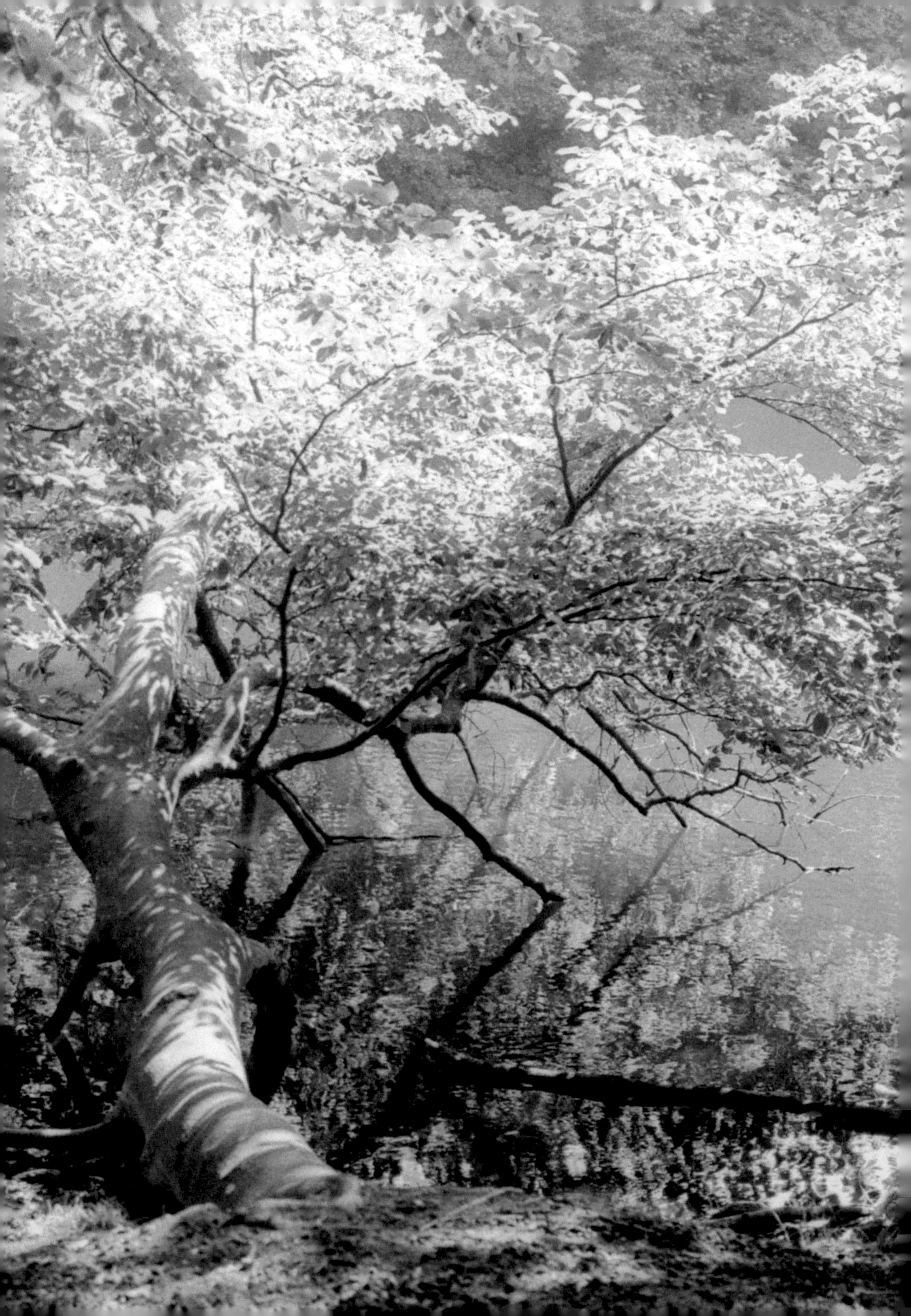

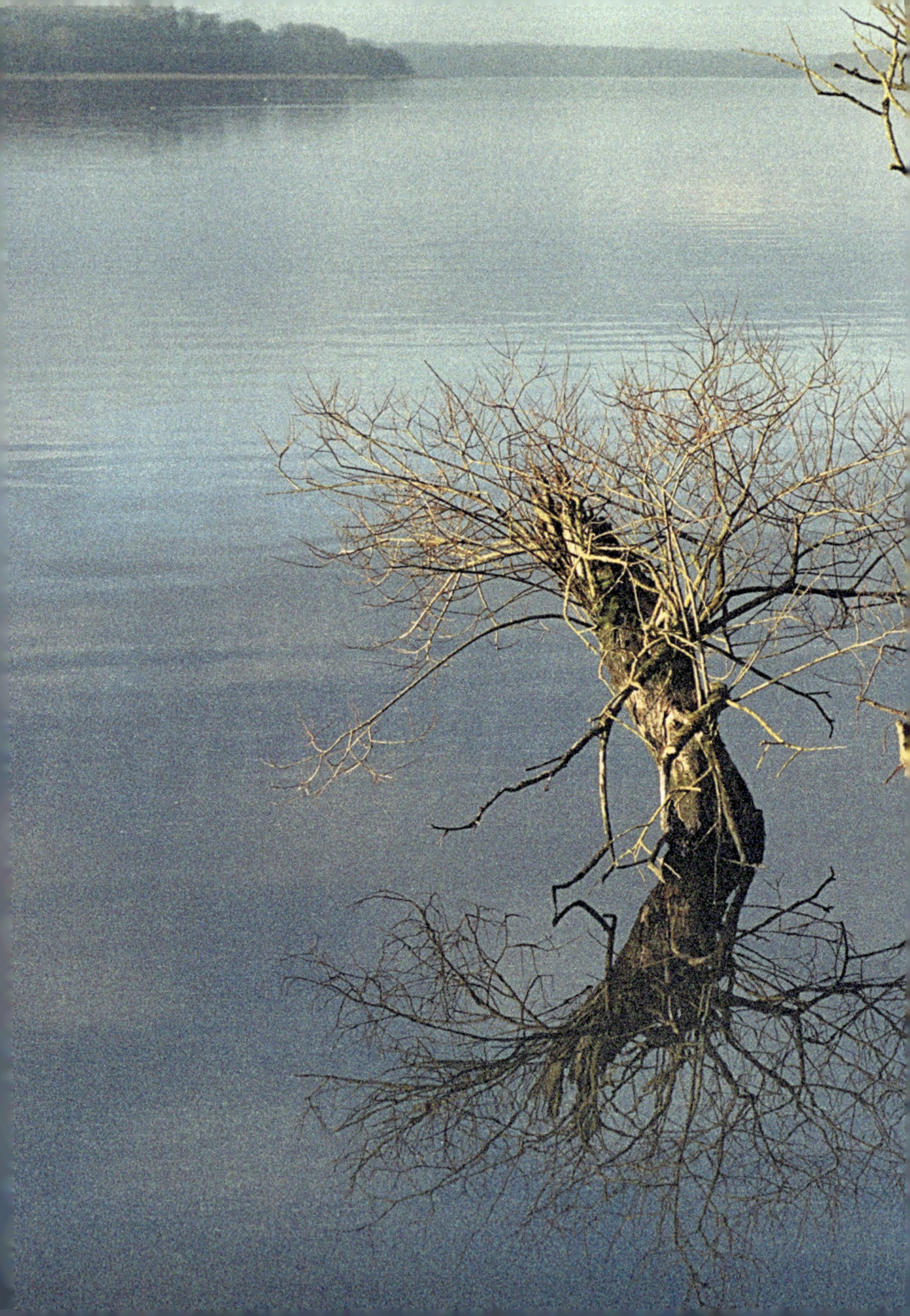

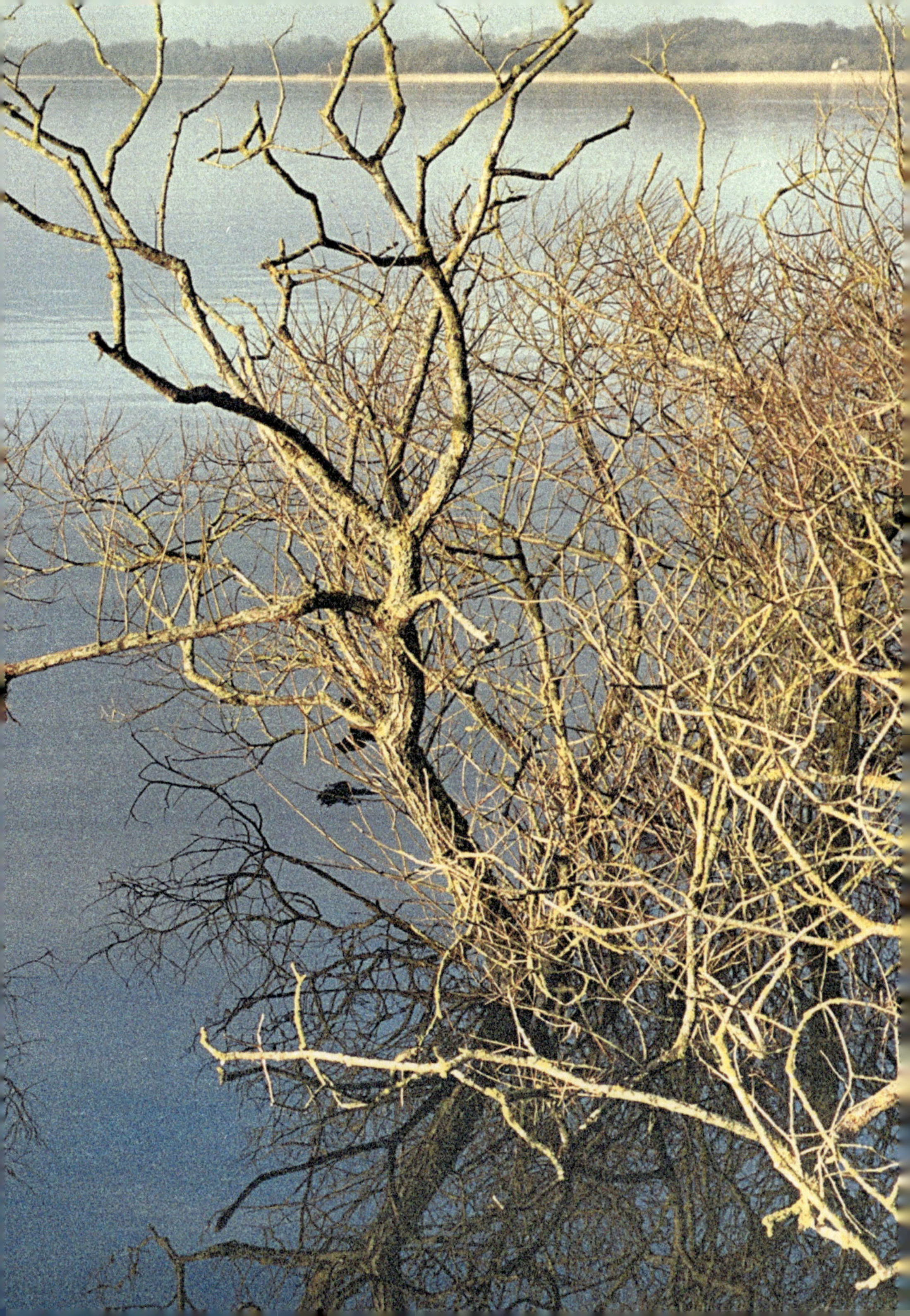

Gadefotografi (street)

Det som på engelsk kaldes "street photography" er også et bredt felt. For en del fotografer er det ensbetydende med, at der indgår mennesker i gade-/bybilledet, mens andre ikke har dette fokus, men mere går efter at dokumentere bymiljøet.

Jeg er ikke til meget strikte definitioner, men du bestemmer jo selv, hvordan du vil opfatte det. Eller indtil du en dag beslutter dig for at prøve at sende billeder ind til en fotokonkurrence eller bare lade andre f.eks. på Instagram bedømme dine billeder. Så kan det være andres holdninger pludselig bliver tydelige. Men lad det ikke skræmme dig, foreløbig bestemmer du helt selv.

En ting, som næsten alle kan enes om, er at kameraet til street photograpy helst skal syne af så lidt som muligt eller alternativt være så retro, at du automatisk får accept for at tage billeder med det.

Derfor er et af mine favoritkameraer, som du allerede har set billeder fra tidligere, Olympus Trip 35, et af de allerbedste. Det skyldes ikke kun, at det er lille og ikke syner af meget, men også at det rent teknisk er ret simpelt og derfor let at få vellykkede billeder med.

Det er præcis det, du ønsker, når du går rundt i byen og har fokus på at finde spændende motiver, og få dem

Jernbanestationen i La Palma, hvorfra toget kører til Soler på nordsiden af Mallorca. Det gamle tog er spændende og mest en turistattraktion grundet både sin alder og det smukke terræn ruten går i.

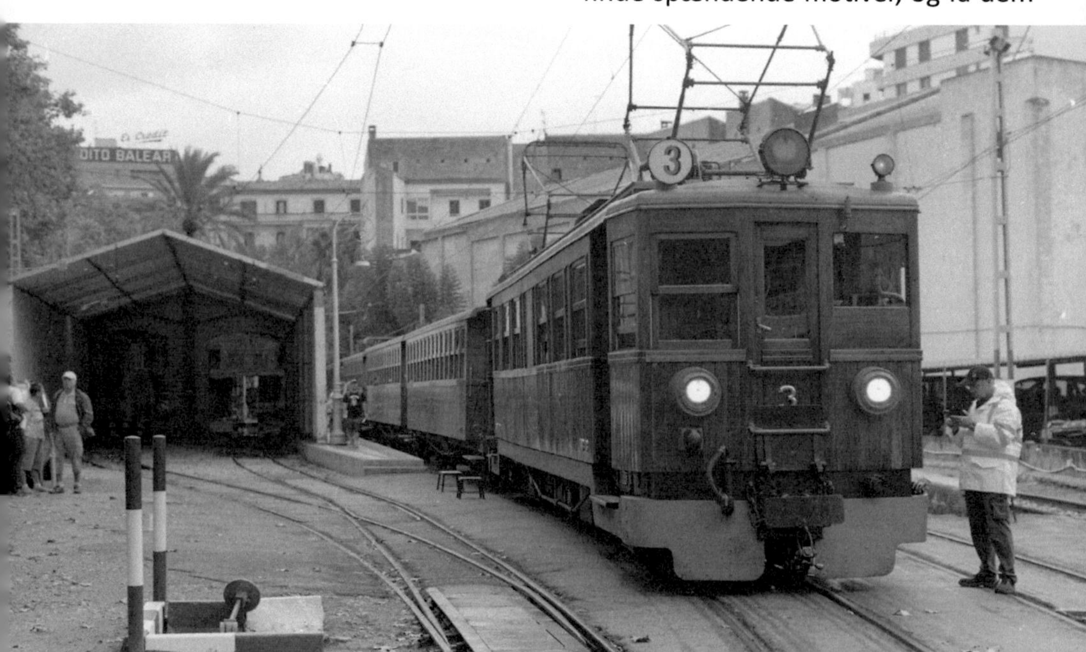

"skudt" inden de er væk - altså hvis det er levende motiver.

Dermed ikke sagt, at alle andre typer kameraer er ubrugelige. Jeg har skudt gadefotografi med mellemformatkameraer, som er ret store. Til gengæld har jeg brugt den såkaldte skaktsøger, som betyder at jeg ikke holder kameraet op foran ansigtet og delvis skjuler mig bag det. Jeg tror, det betyder meget for accepten af at blive fotograferet.

Nu vi er ved accepten, så skal du huske, at hvis billederne bliver publiceret i en eller anden form, så er du faktisk forpligtet til at få accept fra de personer, som indgår i billederne, hvis de er genkendelige. Du kan godt fotografere på offentlige steder uden at få tilladelse fra dine motiver, hvis de er anonyme i billedet. Men hvis det er noget, du bekymrer dig meget, synes jeg, du skal undersøge reglerne lidt nøjere end blot at læse mine få råd her.

Lidt mere om udstyr. Vil du fotografere i skumring eller aftenlys er du nødt til at tænke mere over objektivets lysstyrke. Så er den nævnte type kamera ikke altid nok, da objektivet typisk ikke er ret lysstærkt. Her kan de lidt dyrere modeller såsom Canons Canonet QL17 med f1.7 optik være nødvendige.

Alternativt kan spejlreflekskameraet med en lysstærk optik blive nødvendig. Her kan du få objektiver helt ned til f1.4 uden at det behøver koste en formue. Objektiver findes helt ned til f1.2 og endog 1.0 men de er oftest så dyre, at de er udenfor rækkevidde.

To passagerer på vej ind i toget fra billedet overfor. Begge billeder er skudt med Canon AE-1 program og et 50mm f1.4 objektiv, et dejligt kompakt setup, som jeg holder meget af. Desværre er prisen på begge dele steget noget på det senere. Billederne er skudt på Fomapan 100 film, som er en af mine favorit sort-hvid film. Den er både relativt finkornet, let at håndtere og så er den billig.

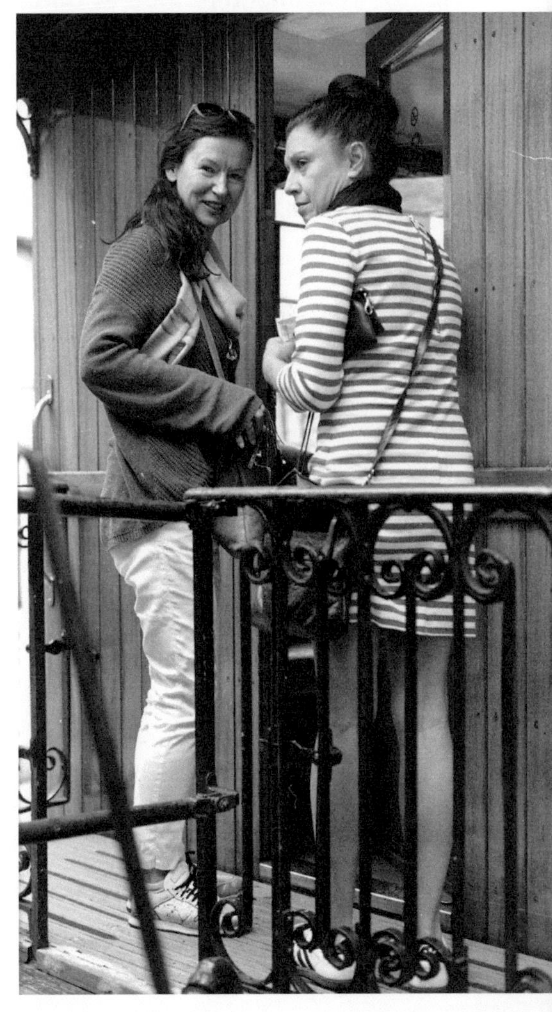

Action

Definitionen på, hvad der er action fotografi er, ligesom så mange andre fotografiske genrer, ikke helt nagelfast. I hvert fald må det dreje sig om noget, hvor der er en aktivitet, der involverer bevægelse.

Hvis du fotograferer motorsport, vil ingen argumentere mod at du er action fotograf. Mange ville sikkert også sige, at mange af mine bjergbilleder er action fotografi, men dem betragter jeg selv mere som enten naturfotografi eller, når de går tæt på personerne, som miljøportrætter. Derimod, når jeg fotograferer decideret klatring, så regner jeg det som action fotografi.

Du kan se af dette, at grænsen må være glidende også for den samme fotograf, for hvornår er det "kun" bjergbestigning og hvornår bliver det decideret klatring.

Disse to billeder fra min karriere som kombineret fotograf, bjergbestiger og klatrer er klart at definere som action billeder.

Nedenfor klatrer min makker gennem mange år, Jan Mathorne, med hvem jeg nåede mange af mine største mål, på Frendo pillaren i Mont Blanc området. En dag der sluttede i tåge kort før vi nåede toppen.

Overfor klatrer to for os ukendte klatrere parallelt med os på en rute op ad Mont Blanc du Tacul. Jeg havde frit udsyn til dem og udnyttede enhver pause til at fotografere dem.

Begge billeder er taget med Konica point&shoot kameraer på Konica lysbilledfilm.

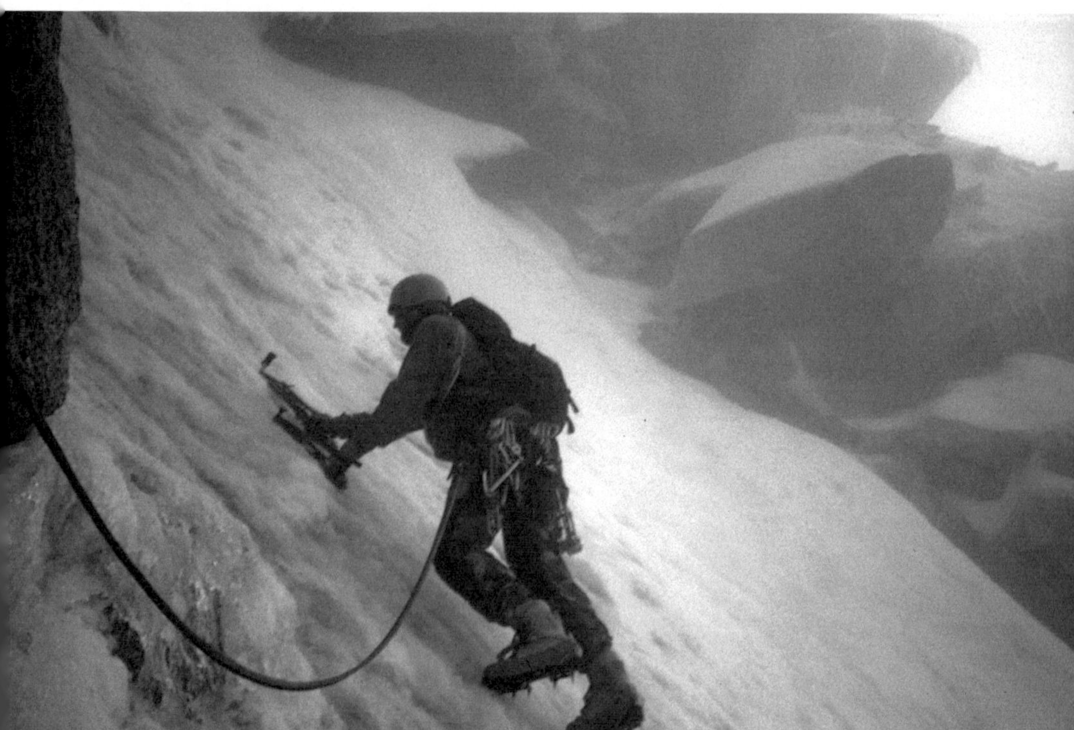

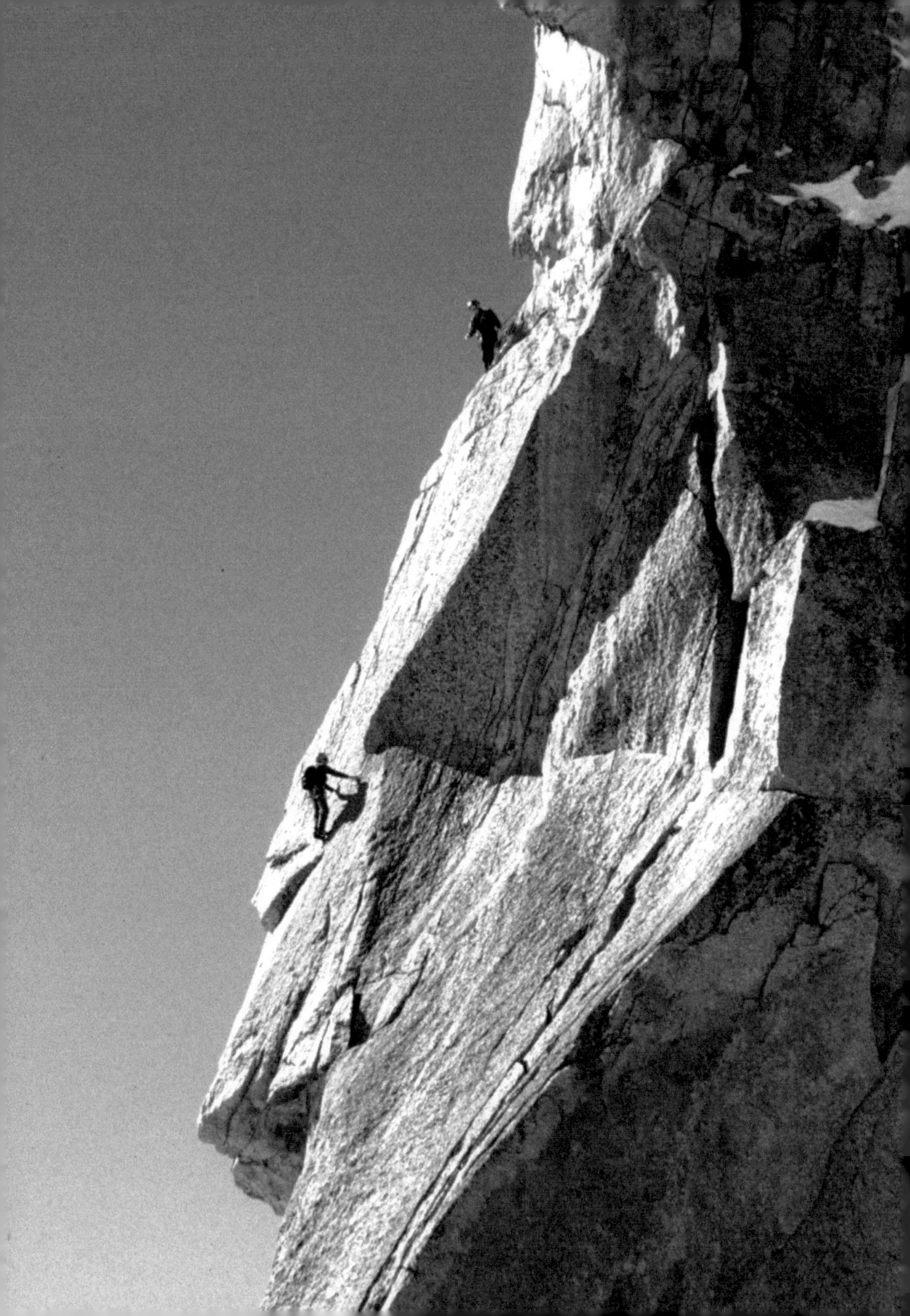

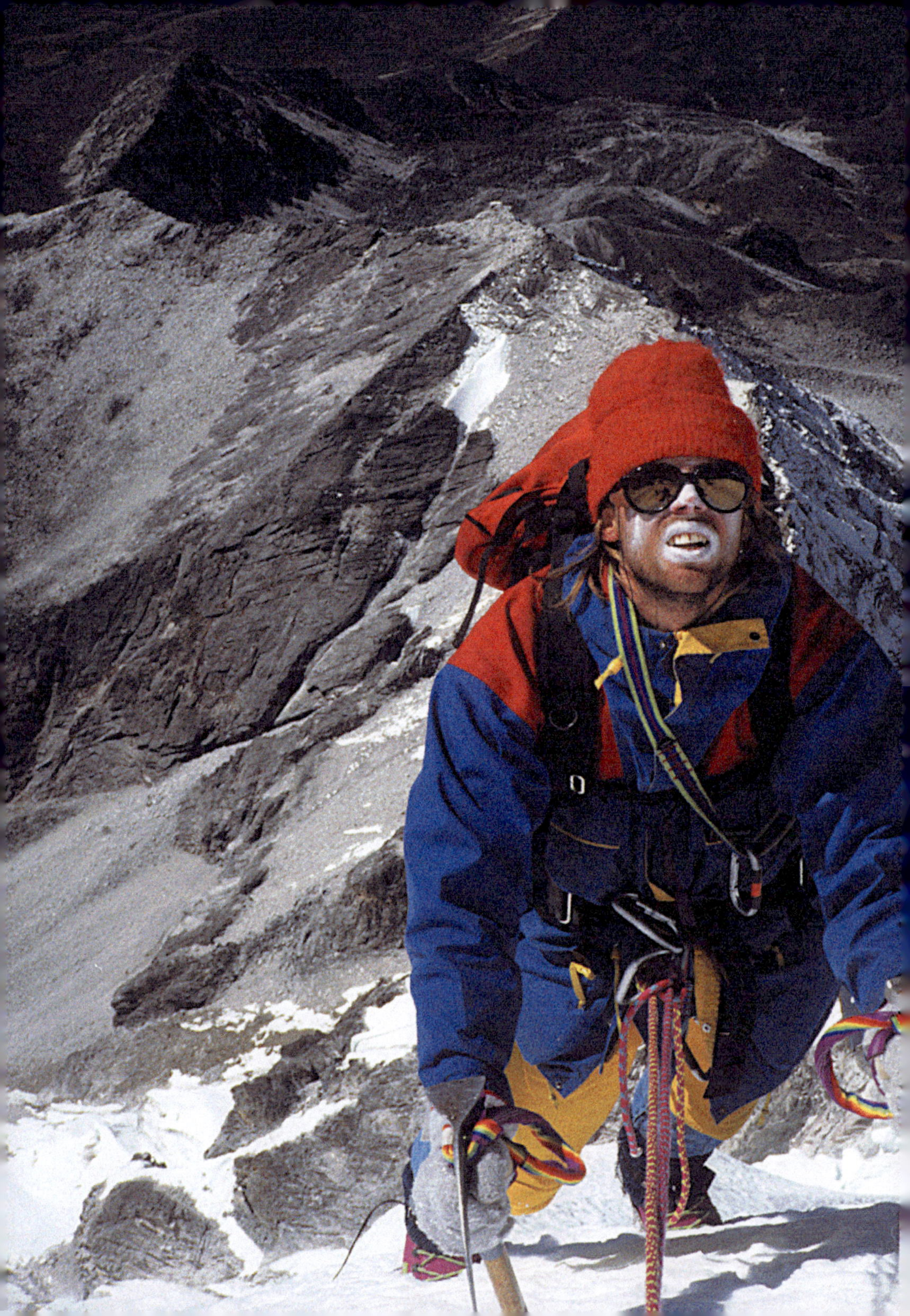

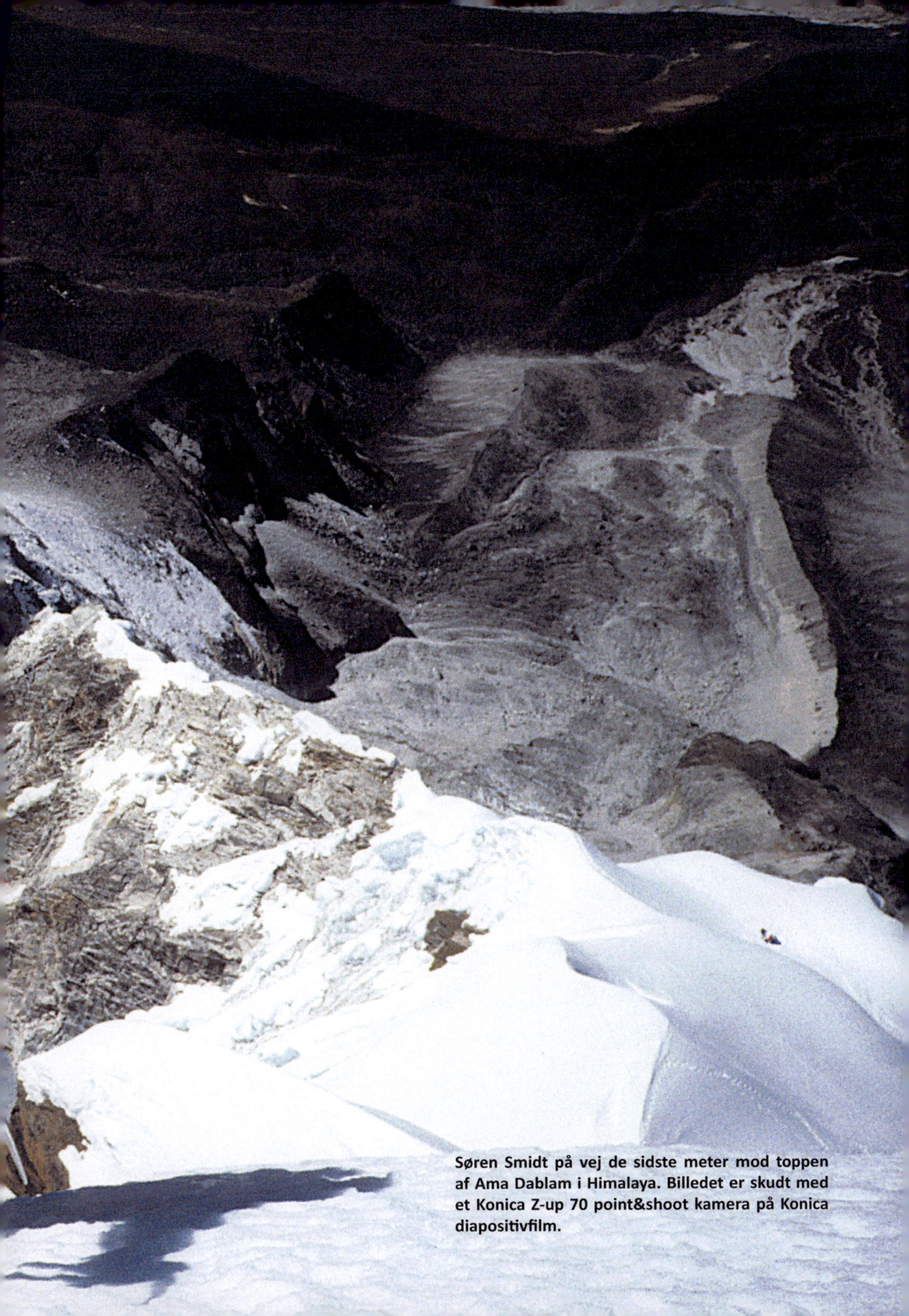

Søren Smidt på vej de sidste meter mod toppen af Ama Dablam i Himalaya. Billedet er skudt med et Konica Z-up 70 point&shoot kamera på Konica diapositivfilm.

Ovenstående er kun til din orientering, så du ved, at hvis du siger, du fotograferer action, så kan andre fotografer sagtens finde på at sige, at de ikke regner dine billeder for action fotografi. Tag det ikke så tungt, for det er jo bare en rubricering, som kun bliver vigtig, hvis du vil deltage i f.eks. fotokonkurrencer, hvor man naturligvis er nødt til at ramme temaet for konkurrencen eller den kategori, man deltager i.

Udstyret til action foto kan variere meget, men jeg tager nogle eksempler her. Billedet af roerne i deres havkajakker er skudt på et Konica Mermaid kamera, som er et vandtæt kamera, som jeg også har brugt i bjergene for at sikre, at jeg kan tage billeder også i dårligt vejr. Men i princippet er det et point&shoot kamera uden mange muligheder for at ændre instillingerne.

Billedet af min svigersøn og datter, der går på slackline er taget på et spejlrefleks med normaloptik. Lukkertid 1/125 sek, men behøver ikke være så hurtig, for man vil gerne se lidt bevægelse i billedet, hvilket der også er i hans svingende arme. Det er det, der giver dynamikken i billedet - plus også den diagonale komposition.

I det sidste billede er der fart og dynamik. Taget på 1/20 sekund mens jeg fulgte pigen. Objektiv 40mm.

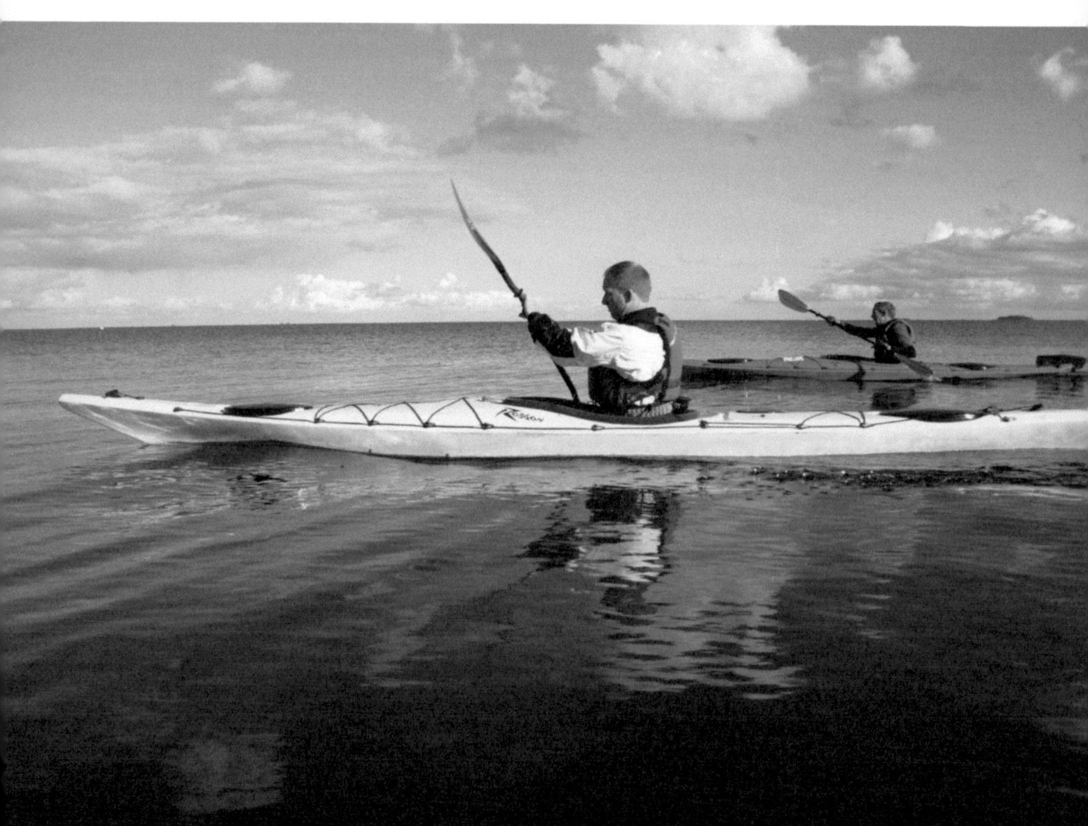

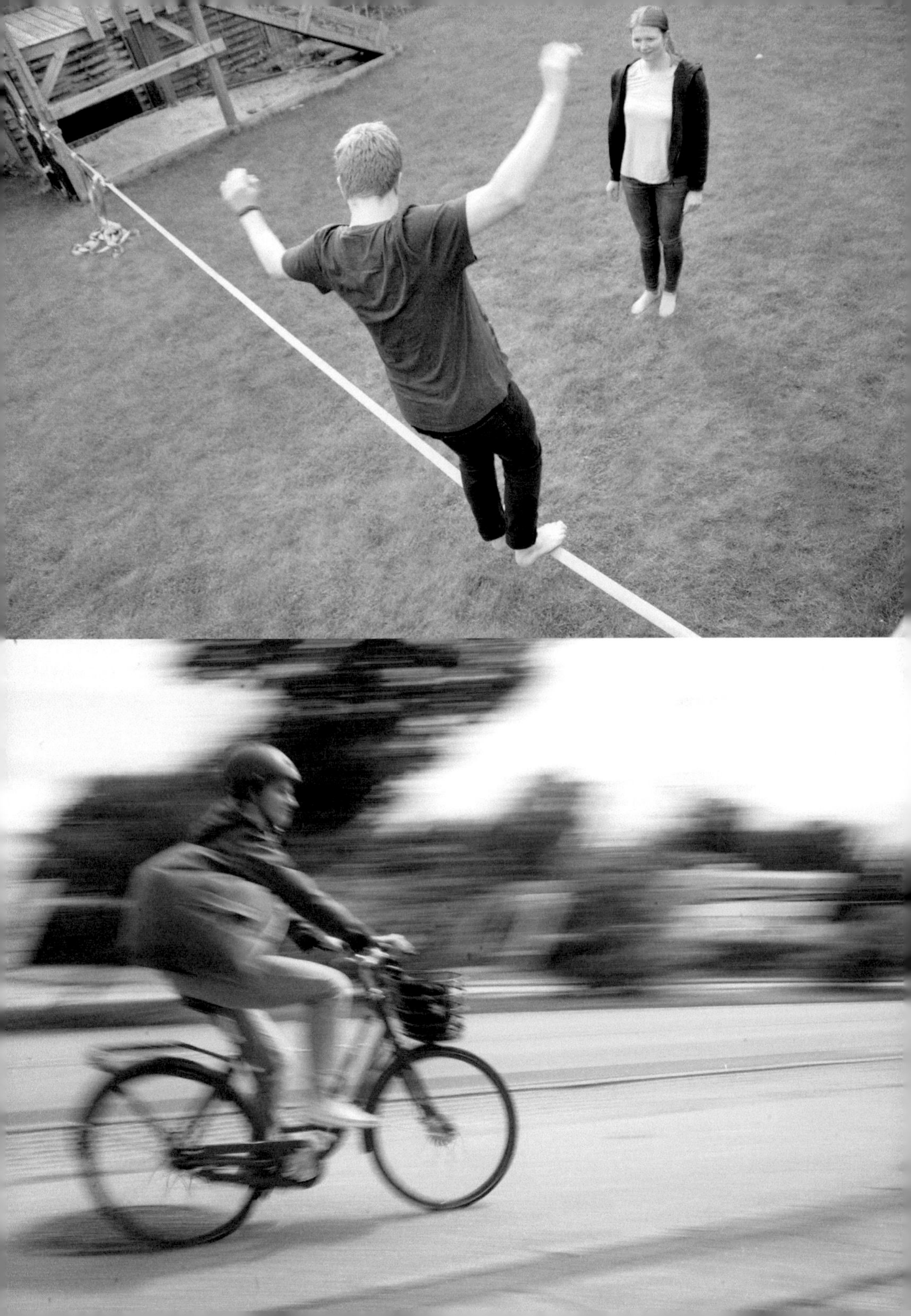

Makro

Vi starter med at runde definitionen på makro. Egentlig makro vil sige, at du er i stand til at gengive 1:1 eller større. Det vil sige at det, du fotograferer, bliver lige så stort på filmen (og sensoren, hvis du også tager digitalbilleder) eller endnu større. Men igen synes jeg, at definitionen er lidt stram og makro er for mig bare noget, hvor man er nede og fotografere i de små ting og detaljers verden.

Hvad skal der til for at fotografere makro? Her er der rigtig mange veje til resultatet her listet fra billig til dyrere:

- En forsatslinse, som gør det muligt at komme tæt på.
- En mellemring - eller et helt sæt - som rykker objektivet længere væk fra filmen. Dermed kan du gå tættere på.
- En bælg, som gør det samme som mellemringe, men bare er mere fleksibel.
- Et makroobjektiv

Faktisk er der flere løsninger, men de er mere komplicerede.

Bælgløsningen er nok ikke så let, da der ikke findes så mange på markedet mere til ældre kameraer. Og forsatslinsen skal du kun bruge, for at se om makro er noget for dig, da den leverer elendig kvalitet.

Så de muligheder, jeg anbefaler er altså enten mellemringe eller makroobjektivet.

Mellemringe kan fås meget billigt endog med overførsel af autofokus oplysninger, hvis du har det på dit kamera. Løsningen er dog lidt ufleksibel, for med en specifik mellemring vil du kun kunne fokusere tæt på eller meget tæt på. Skal du skifte til et motiv, hvor du skal lidt længere fra for at få det hele med, så skal mellemringen fjernes eller erstattes med en kortere.

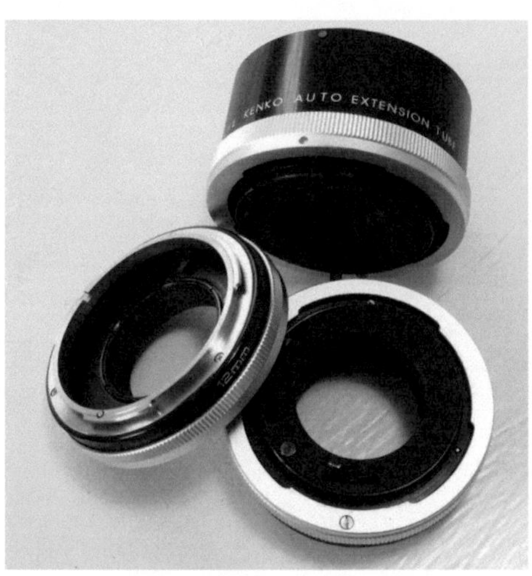

Et komplet mellemringssæt består typisk af 3 mellemringe. Mit sæt til Canon FD bajonetten består af mellemringe på hhv. 12mm, 20mm og 36mm og har været ganske billige.

Hvor stor forstørrelse den korteste og den længste giver, kan du bedømme i billedserien på næste side. Første billede er taget uden mellemring med mit Canon 50mm f1.4 objektiv, der kan gå så tæt som 45cm. De næste billeder er med hhv. 12mm og 36mm mellemringene.

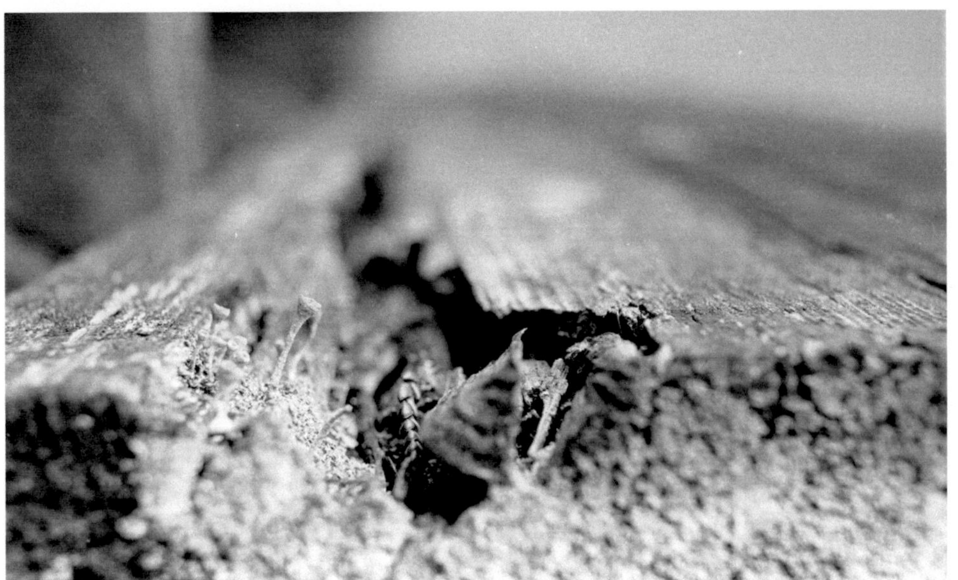

Skarpheden i et makrobillede er en udfordring. Når du går så tæt på bliver skarphedsdybden minimal. Det vil sig at du kun har en ganske lille del af billedet i fokus især hvis du er nødt til at bruge en meget åben blænde. Du kan tydeligt se effekten i billedet ovenfor af svampene i min rådnende trappe. Det er kun ganske få millimeter, der er skarpe.

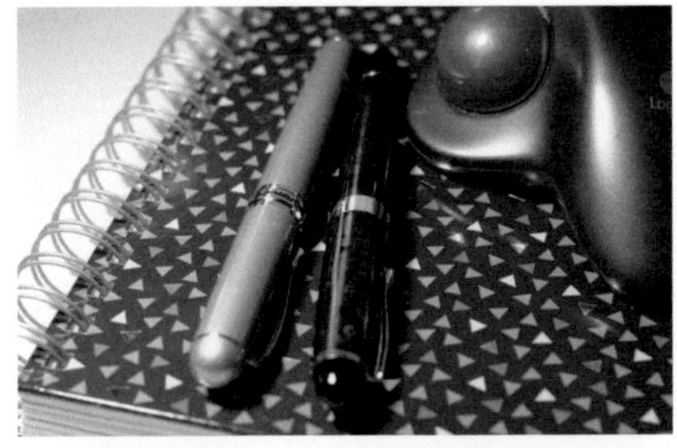

Mit eksempel med de tre billeder er taget på blænde 1.4 netop for at vise hvor minimal skarphedsdybden er på denne indstilling.

Skarphedsdybden kan øges ved at blænde ned, så du får et større område skarpt, men det skaber en anden

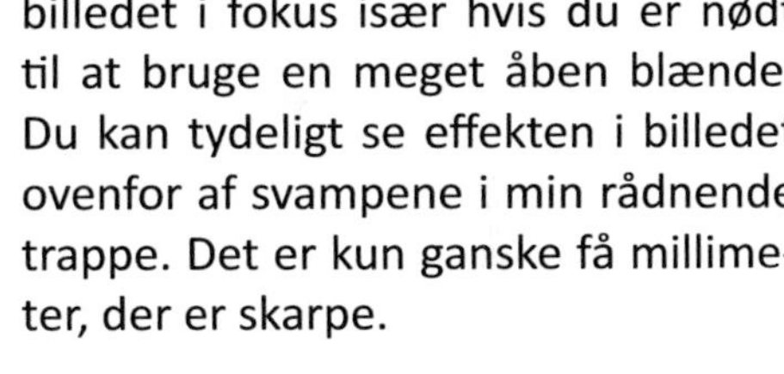

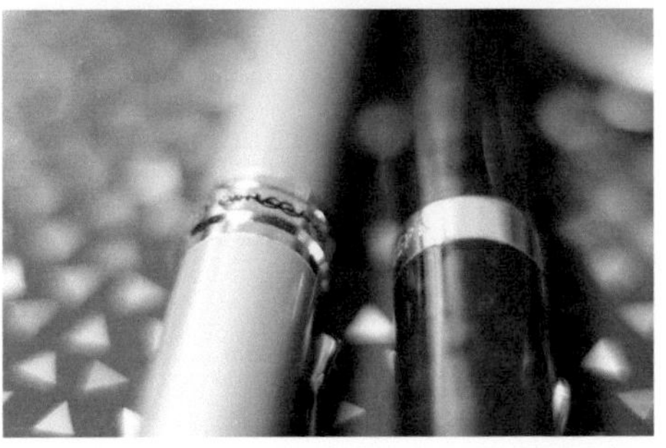

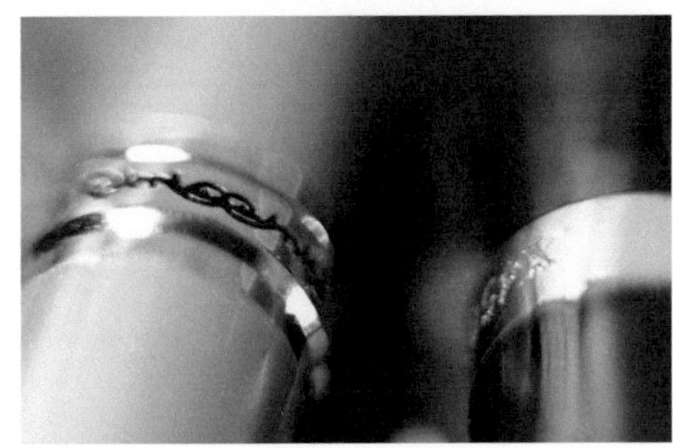

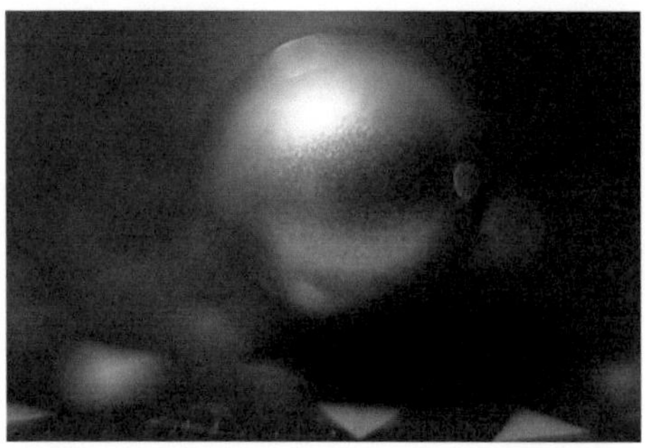

udfordring: Lys nok til at dit billede ikke bliver rystet.

Eksemplet herover viser, hvordan skarphedsdybden kan forøges ved at blænde ned har fra f1.4 til f16.

Et makroobjektiv kan være en god løsning, og der findes en del zoomobjektiver, der kan gå relativt tæt på uden dog at være egentlige makroobjektiver. Mit deciderede makroobjektiv går helt til 1:1, men bruger jeg en mellemring sammen med det kan jeg skabe forstørrelser på mange gange. Det er et nyere objektiv, som fungerer fint både sammen med mine ældre analoge kameraer såvel som med nye digitale. Dejligt fleksibelt også fordi det også er et ganske fint objektiv til portrætfotografering :-)

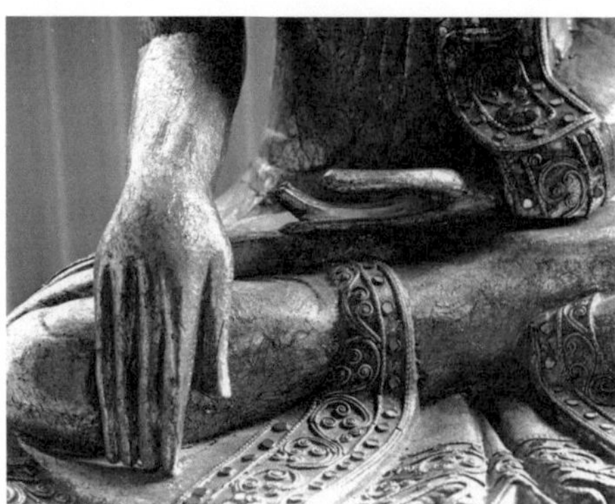

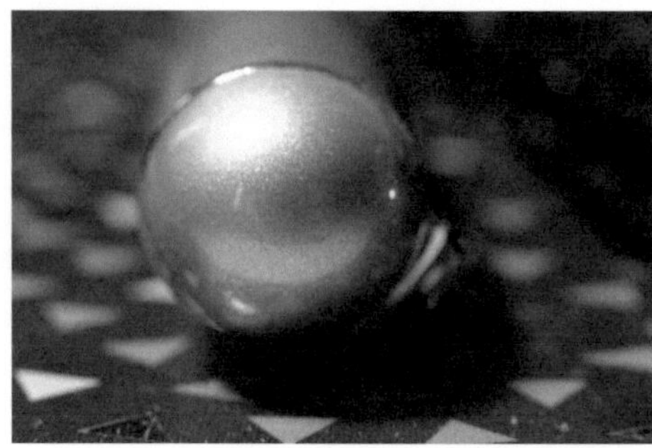

Billederne nederst på siden viser, hvor tæt man typisk kan gå med et normalobjektiv. Nogle går lidt tættere end andre, men en typisk nærgrænse er omkring 40-50cm, hvor nogle af de

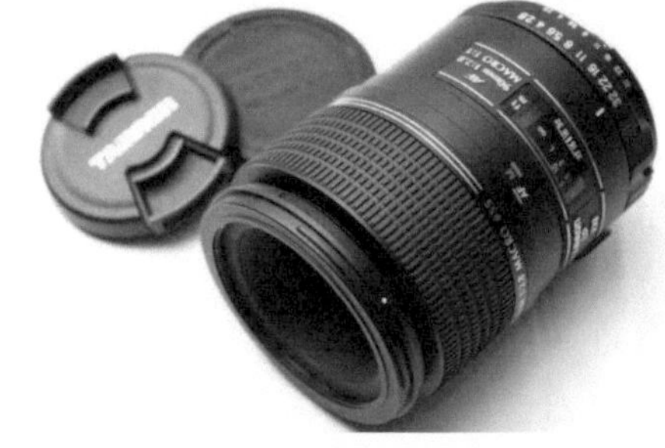

ældre zoomobjektiver kan gå tættere eller kan bruges lige så tæt på, men ved en længere brændvidde. Dermed får du også højere forstørrelse.

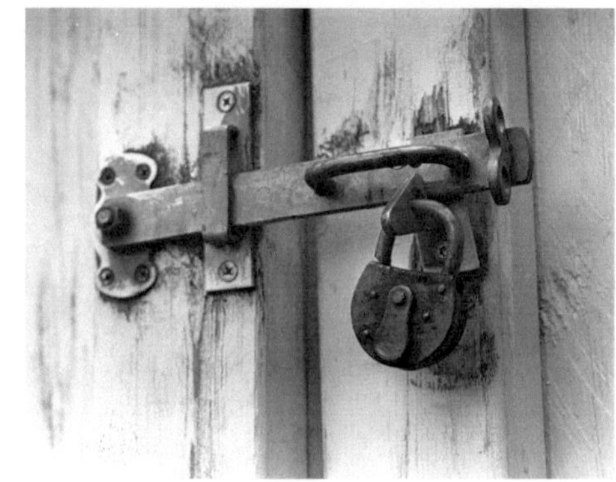

Dobbelteksponering

Specielt efter fotografering med Holga kameraer blev hypet, blev det også eftertragtet at foretage dobbelteksponeringer, altså at eksponere mere end en gang på hver billedrude. Holga kameraerne gjorde "nemt" at glemme at trække filmen frem mellem eksponeringerne, og det begyndte mange at udnytte kreativt.

Jeg har ikke personligt udforsket det så meget, men har nogle betragtninger om det rent tekniske, som du skal huske på, hvis du begiver dig ud i dette stærkt kreative territorie.

Først af alt, så kræver det, at du ved hvordan dit kamera bringes til at tage et nyt billede oveni det forrige. Enkelte ældre kameraer har som Holgaet ingen hindring, du skal selv forhindre dobbelteksponering. Men nu kan du så bare udnytte det.

Enkelte avancerede kameraer som f.eks. Nikon FM2 har en lille pal, du trækker i mens du spænder lukkeren. Kameraet spoler så ikke filmen frem.

Men på de fleste kameraer skal du presse tilbagespolingsknappen ind, mens du spænder lukkeren. Filmen vil ikke blive ført frem, men du skal være påpasselig, når næste ikke-dobbelteksponerede billede skal tages,

Mit sprocket rocket kamera, som du tidligere har set billeder fra, er et kamera, som giver mange kreative muligheder ud over, at det skyder i panoramaformat.

Dobbelteksponering er ingen problem, for der er ingen tjek for om du spoler frem mellem optagelserne. Du kan tage lige så mange billeder, du vil, oveni hinanden. Nedenfor er en tredobbelt eksponering af figurer og bygninger ved Eremitageslottet i Dyrehaven nord for København.

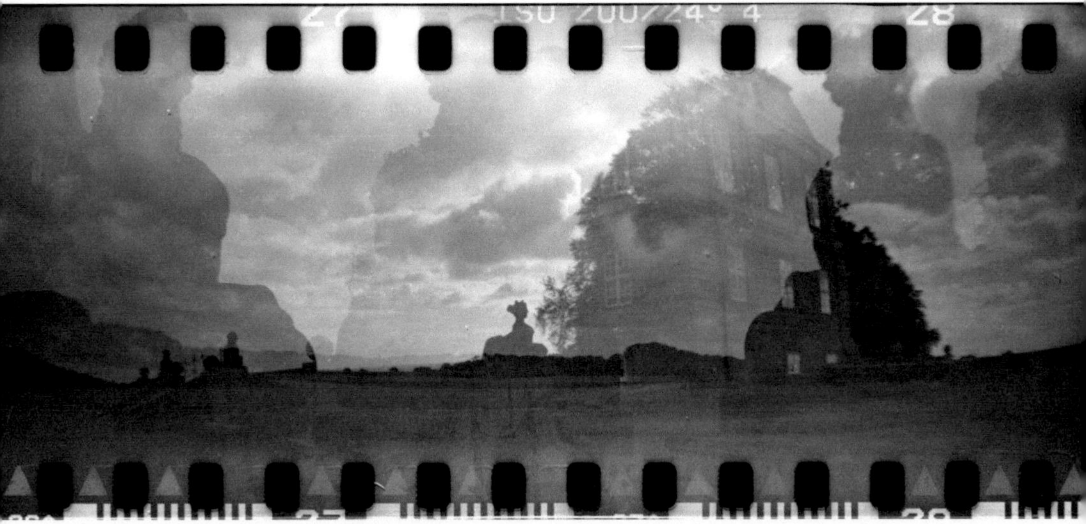

at tilbagespolingsknappen popper ud igen. Ellers fortsætter du med at dobbelteksponere.

Desværre er det ikke alle kameraer, man kan dobbelteksponere med, men du må prøve de her beskrevne teknikker, og se om en virker for dig.

Det næste er så, at fordi du eksponerer flere gange på det samme stykke film, så skal du kompensere for dette. Beregningen er, at hver gang antallet af optagelser på samme stump film fordobles, så skal eksponeringen halveres.

Lad os tage et eksempel. Du vil tage en dobbelteksponering og lysmåleren siger, at du skal eksponere din film på blænde 8 ved 1/125 sekund. Du kan nu vælge enten at eksponere to gange ved blænde 8 og 1/250 sekund eller to gange med blænde 11 og 1/125 sekund. Begge dele vil give halvt så meget lys ved hver eksponering.

Vil du lave en 4-dobbelteksponering, så vil værdierne blive enten 4 eksponeringer ved blænde 8 og 1/500 sekund eller blænde 16 og 1/125 sekund.

Lidt sværere bliver det, hvis du vil eksponere 3 gange på samme billede, da vi ikke her kan lave en halvering. Du må havne et sted mellem 2 og 4-dobbelt eksponeringen.

Det var så, hvad jeg ville præsentere dig for i introduktionen til analog fotografi. Der er meget, meget mere at udforske og dermed lære. Tilbage er kun at ønske dig god fornøjelse på rejsen.

Dobbeltksponering med en model og en dobbelt væglampe. Kontrasten i billedet er blevet lidt lille, men ideen er nok tydelig alligevel :-)

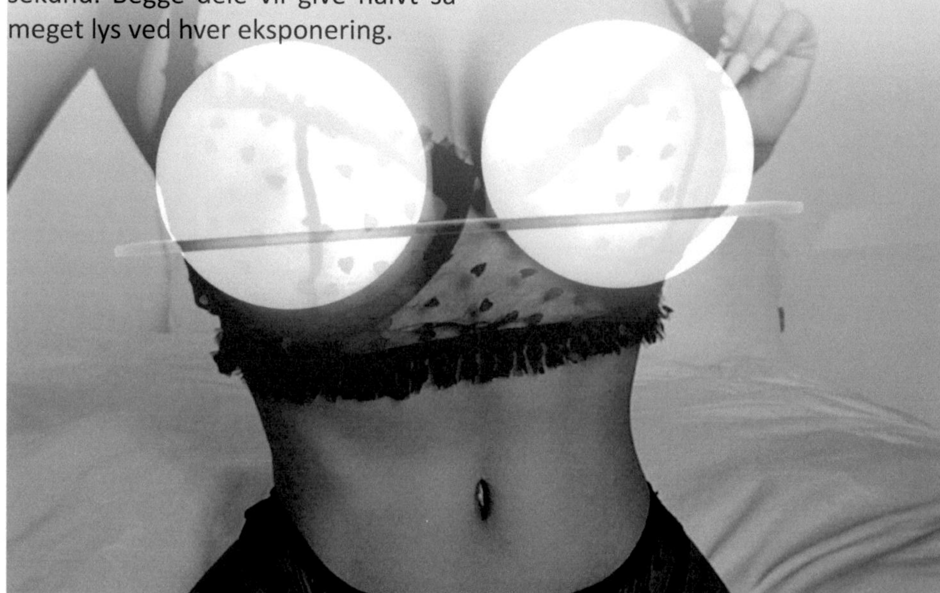

Ordliste

Hvis du vil lære mere og læser videre på nettet, ser youtube videoer eller andet udenlandsk materiale, så er det rart at have en oversigt over begreberne, så du ved hvad vi kalder dem på dansk. Mange danske fotografer bruger endda de engelske betegnelser eller forkortelser, og det kan derfor være svært at forstå, hvis du ikke har fået udvidet dit ordforråd med den engelske udgave. Af samme grund har jeg forsøgt undervejs i bogen at introducere disse, men det er vel meget rart med en samlet fortegnelse.

Hvad angår forkortelserne, så kan der være flere muligheder, da forskellige kameraproducenter bruger forskellige betegnelser på deres kamerahuse, og derfor kan det godt tænkes, jeg ikke har fået alle varianterne med.

Dansk betegnelse	Forkortelse	Engelsk betegnelse	Engelsk forkortelse
Automatik	-	Automatic mode	Auto (ofte markeret grøn)
Billedstabilisering	OIS/VR	Optical Image Stabilisation/Vibration Reduction	OIS (Canon)/VR (Nikon)
Blænde	-	Aperture	A
Blændeforvalg	-	Aperture priority	A, Av
Dybdeskarphed	-	Depth of Field	DOF
Eksponeringstrekanten	-	The Exposure Triangle	-
Fatning	-	Mount	-
Filmfølsomhed	-	Film sensitivity	ISO på nyere kameraer - DIN/ASA på ældre
Landskabsorientering (vandret)	-	Landscape	-
Linse - korrekt betegnelse: objektiv	-	Lens	-

Lukker	-	Shutter	-
Lukkertid	-	Shutter time	-
Lukkertidsforvalg	-	Shutter priority	S, Tv
Objektiv	-	Lens	-
Portrætorientering (lodret)	-	Portrait	-
Program	-	Program mode	P
Skruegevind	-	Screw mount	M42 (en af flere skruegevind til montering af objektiver)
Gadefotografi	-	Street photography	-
Uskarphed	-	Unsharpness/Blur	-

Billedet nedenfor er skudt på et af de mindste kameraer, jeg har, et Rollei 35TE. Det er kendt for sin skarpe optik, som endda kan fås endnu bedre i 35SE modellen, men de er også begge blevet lidt dyre. Der er god skarphedsdybde i billedet, da der er brugt blænde 11. Objektivet er på 35TE modellen et 40mm f3.5 som er skarpt allerede fra mest åbne blænde.

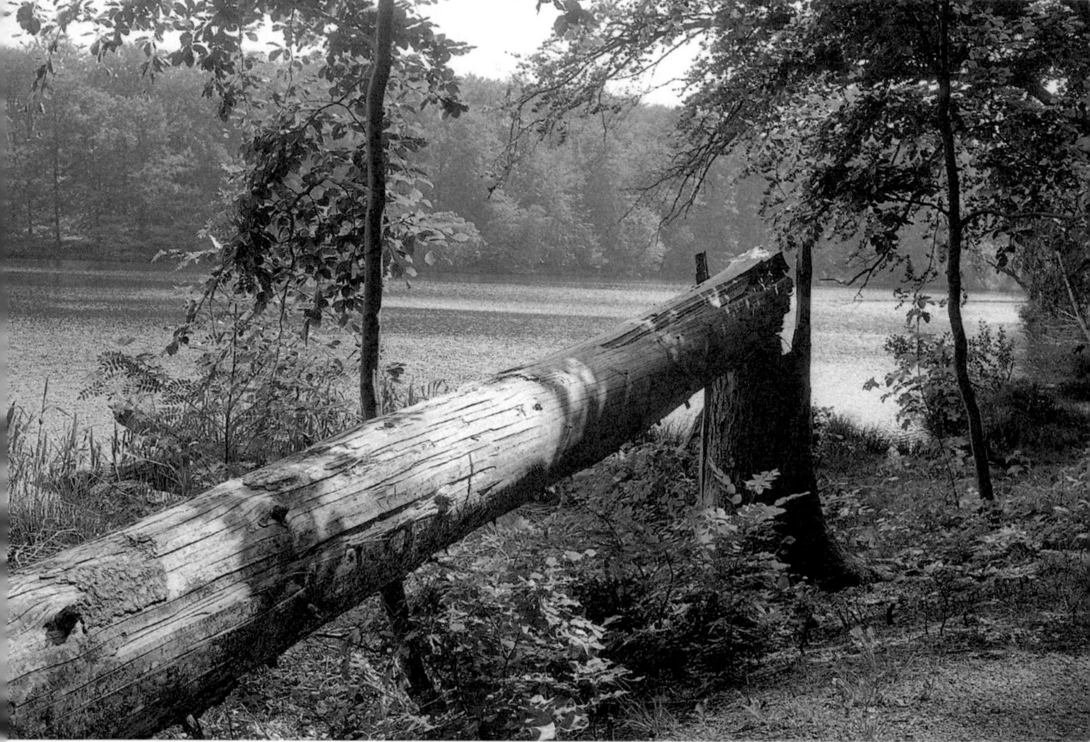

Litteraturhenvisninger

Bøgerne i litteraturhenvisningen er primært tænkt som inspiration til at finde sin egen stil. Jeg har ikke medtaget yderligere bøger, der handler om teknik. Mine egne bøger giver oplysninger om, hvordan billederne er taget, så du har en mulighed for at prøve lignende teknikker eller motiver af.

Christensen, Bo Belvedere:

Panoramic Images, Books on Demand, 2021. Fotografier i panorama med information om kameraer og optagelsesteknik. Både analog og digital fotografi.

Everest Basecamp Trek, Books on Demand, 2020. Everest Basecamp trekket fortalt i billeder med information om kamera og optagelsesteknik. Billederne viser både naturen, små byer på vejen såvel som Kathmandu, samt naturligvis de mennesker lokale såvel som turdeltagere, jeg har været sammen med. Både analog og digital fotografi.

Annapurna Basecamp Trek, Books on Demand, 2020. Annapurna Basecamp trekket fortalt i billeder med information om kamera og optagelsesteknik. Billederne viser både naturen, små byer på vejen såvel som Kathmandu, samt naturligvis de mennesker lokale såvel som turdeltagere, jeg har været sammen med. Både analog og digital fotografi.

Heller, Steven:

A History of Photography. From 1839 to the Present, Taschen, 2019. Fotografiets historie gennemgået med masser af billedeksempler og omtale af de fotografer, der stod bag. Inspirerende for fotografen, der søger et vintage look i sine billeder.

James, Christopher:

The Book of Alternative Photographic Processes, Course Technology, 2015. Gennemgang af en enorm mængde af alternative processer for opnåelse af kreative, kunstneriske resultater. For den lidt avancerede fotograf er her en næsten uudtømmelig kilde til alternative og kreative tilgange til den kunstneriske side af fotografiet.

Kenna, Michael:

Holga, Prestel 2017. Den berømte fotograf Michael Kenna viser med sin bog, hvor fantastiske billeder man kan lave med det billige Holga plastickamera, som teknisk er meget basalt, men som i hænderne på den kreative kan give utrolige resultater. Meget inspirerende.

Images of the Seventh Day, Skira, 2020. Michael Kenna demonstrer sin mesterlige stil i sort hivde billeder primært af landskaber og mennesketomme gader og huse. Det er lidt med tendens til dysterhed, men er på en og samme tid også meget smukt og udtryksfuldt. Giver et godt indblik i, hvordan enkle billeder kan give et stærkt indtryk.

Klein, Kirsten:

Mellem lyset og mørket, Gyldendal, 2009. Flot bog med analoge billeder taget i naturen. Det er smukke men ofte dramatiske billeder, som både via den måde de er belyst og måden de er optaget på giver et særligt look, som er en slags fotografisk signatur, der er unik for Kirsten Klein.

Koetzle, Hans Michael:

Photographers A-Z, Taschen, 2020. Biografier for en række af verdens mest kendte fotografer med eksempler fra deres virke. Meget godt inspirationsmateriale.

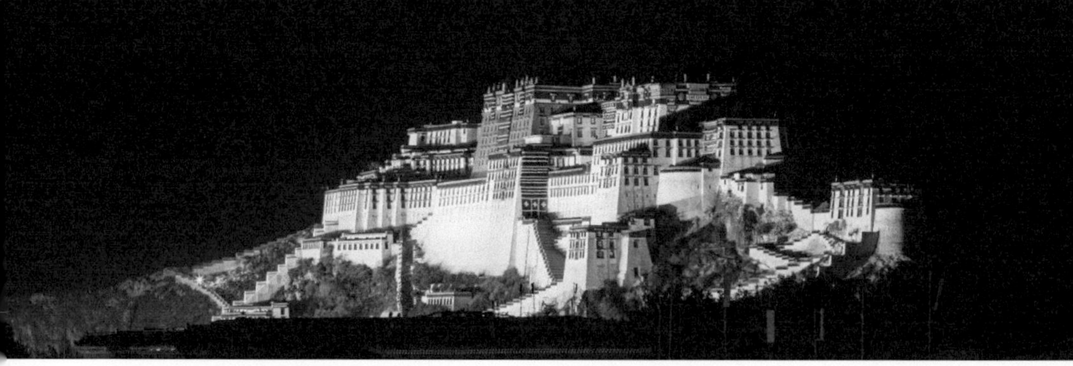

Ovenfor et billede af Potala i Lhasa, Tibet. Billedet undgår på magisk vis at vise den kinesiske by, som er vokset op omkring Dalai Lamas tidligere tilholdssted inden kinesernes invasion. Potala er fotograferet om aftenen med et 200mm objektiv fra toppen af mit hotel.

Billedet overfor viser en varde nær Ama Dablam basecamp. Et roligt og smukt motiv fotograferet med et Canon EF og en 35mm optik på lav blændeværdi, men jeg husker ikke præcis hvilken.

Billedet på næste opslag er et af de mest succesfulde fra hele min klatrekarriere. Snekammen fører til toppen af Mont Maudit, en sidetop til Mont Blanc. Det er taget med et simpelt Konica Z-up 70 kamera på Konica diapositivfilm. Konica eksisterer ikke mere, men kameraet fungerer stadig fint.

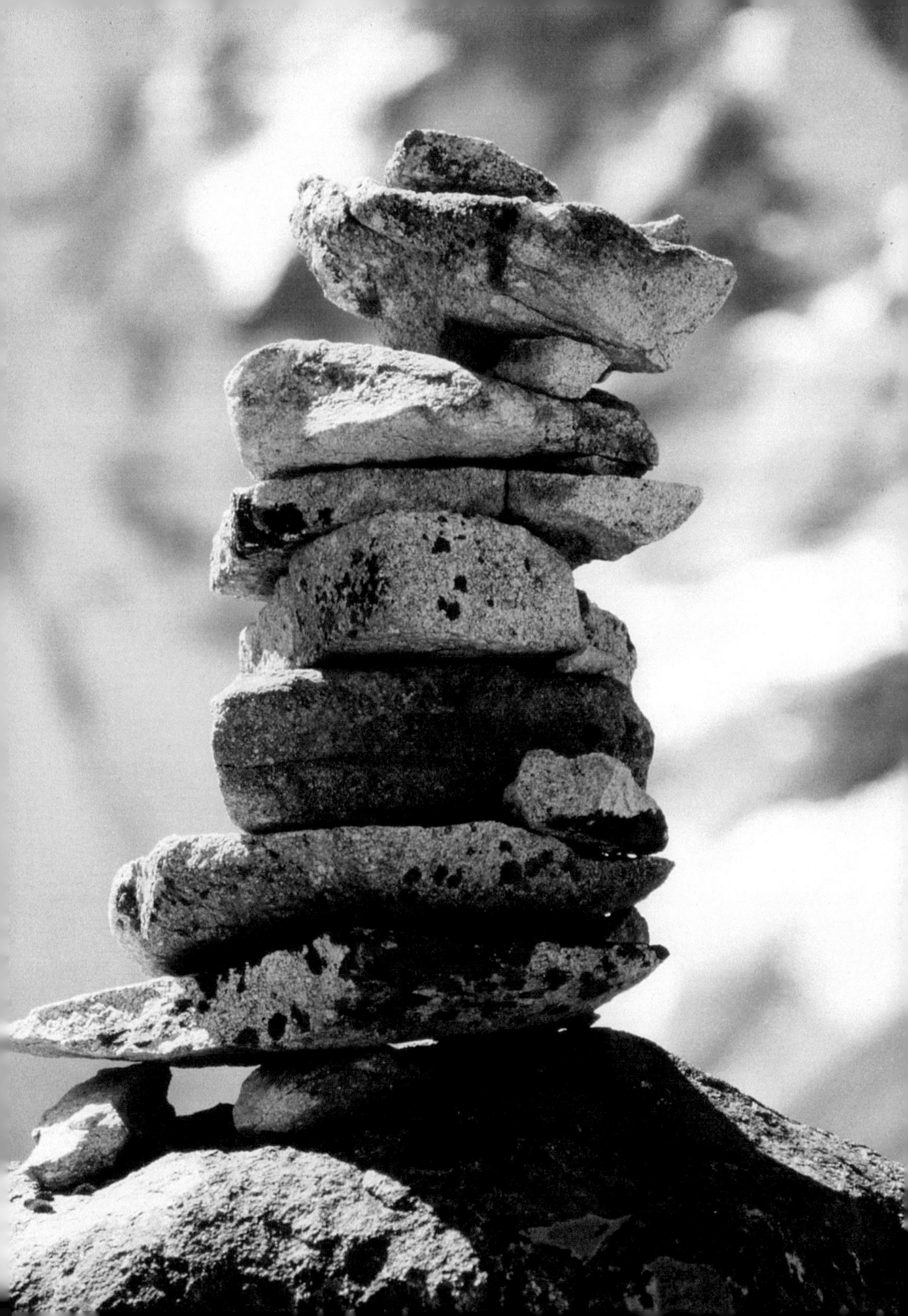

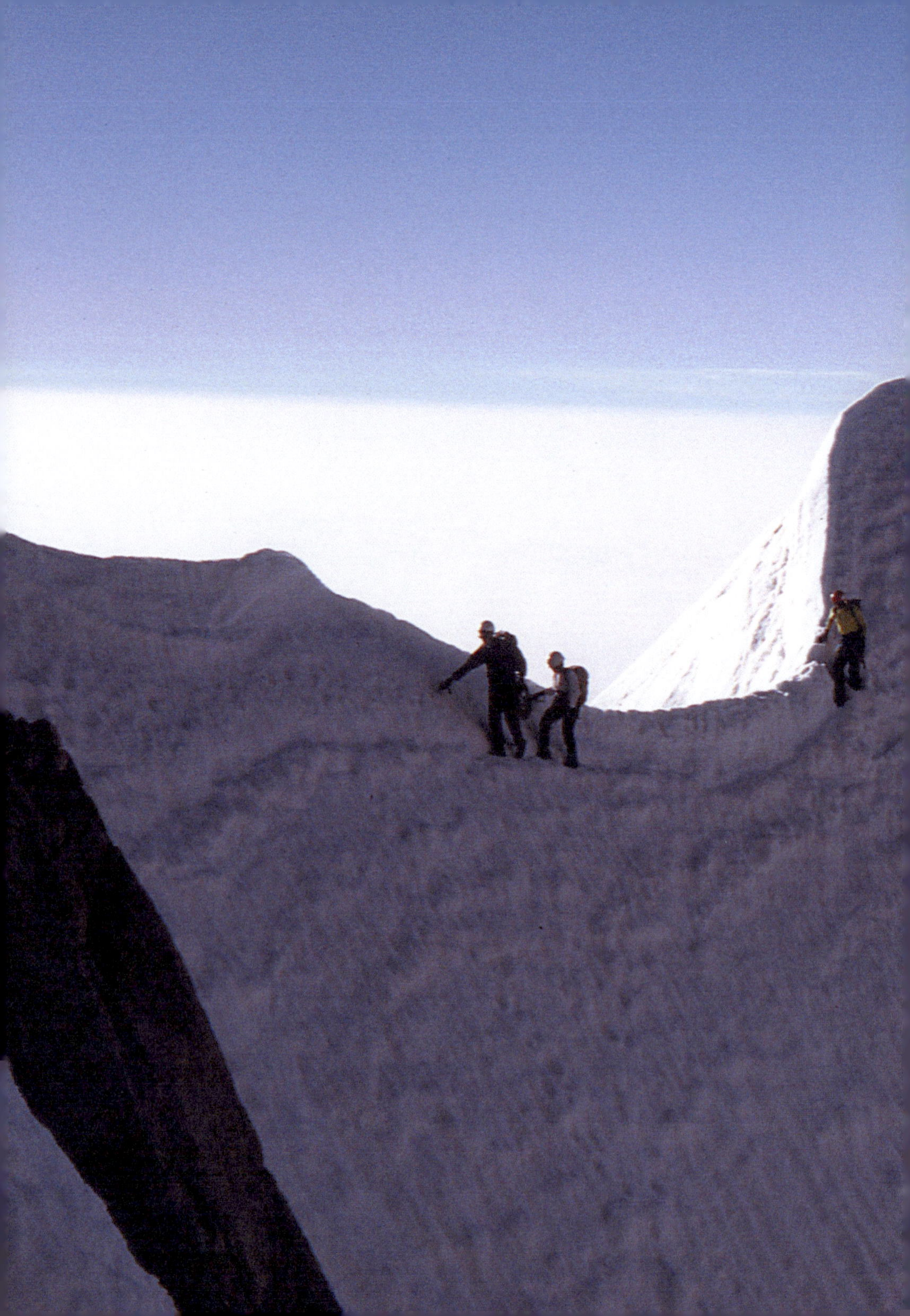

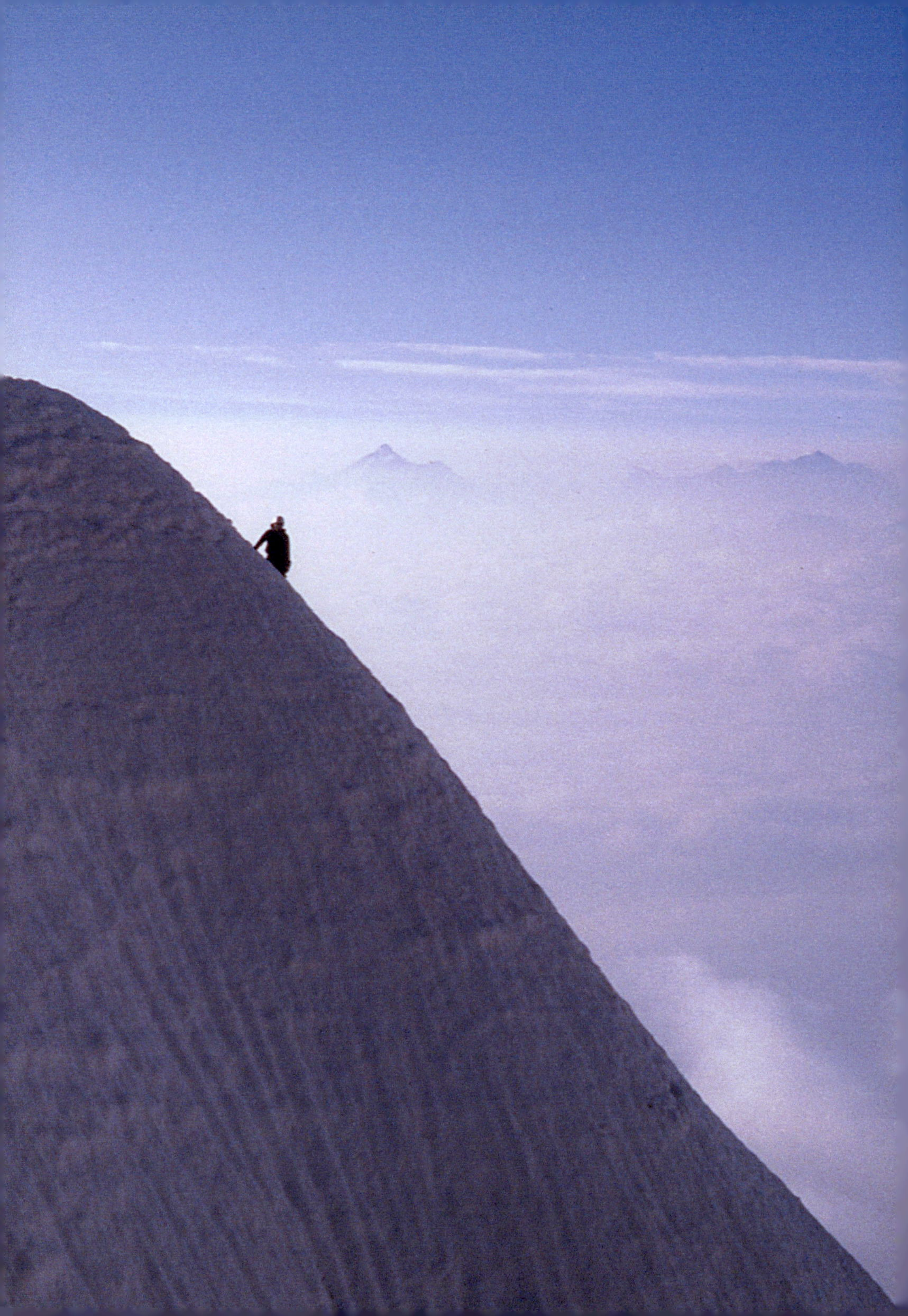